方祖燊全集

(三)

全集第七卷・漢朝樂府詩的簡史與解題
全集第八卷・魏晉樂府詩解題
全集第九卷・宋齊樂府詩解題

樂府詩解題自序

一九六一年（民國五十年），我開始研究樂府詩。我認爲我國各個時代都有樂府歌詩產生，也有許多作品流傳了下來，只是由於時代的悠隔，不易知道詩人感興的緣起，製作的萌生，所以後人常常無法了解他們的詞情詩意。過去研究樂府詩的學者有一些「解題」的著作，像唐吳兢《樂府古題要解》、元左克明《古樂府》、宋郭茂倩《樂府詩集》、明梅鼎祚《古樂苑》、清朱嘉徵《樂府廣序》、王先謙《漢鐃歌釋文箋正》。但他們所作的還未能盡善盡備。那時，我雄心勃勃，想依據郭茂倩的《樂府詩集》所收錄的各類的樂府詩，按著朝代重編，一首一首作「解題」。或採郭氏舊解，或據史集箋注，或依自己讀書心得，補他缺略，删他繁冗，改他不當，考他來歷，希望歷代的樂府詩的題旨，都能夠得到妥善明瞭正確的解釋，能夠幫助一般學者閱讀歷代樂府詩。

當時，我先從漢朝樂府詩著手，完成了《漢朝樂府詩的簡史與解題》（收在《漢詩研究》中），後來陸續又寫成《魏晉樂府詩解題》（民國五十九年六月刊於國立臺灣師範大學《師大學報》第十五期）、《宋齊樂府詩解題》（民國六十五年六月刊於師大國文系《國文學報》第五期），現在將這三篇有關「樂府詩解題」編在一起，收進我的全集裡。當然，我也深引為憾的是未能將郭茂倩《樂府詩集》中所有的樂府詩，都作了解題。這只好寄待後來學者來繼續完成。

方祖燊序於一九九五年十一月

方祖燊全集・樂府詩解題 目錄

（趙幽王）、淮南王歌（文帝時民歌）、秋風辭（劉徹）、衛皇后歌（武帝時民歌）、歌（李延年）、李夫人歌（劉徹）、歌（烏孫公主、匈奴）、驪駒歌（古辭）、瓠子歌（劉徹二首）、別歌（李陵）、歌（宣帝時廣川王二首）、牢石歌（元帝時民歌）、黃鵠歌（漢昭帝）、歌（丙彊、景武）、五侯歌（成帝時民歌）、上郡歌（成帝時民歌）、歌（昭帝時燕王旦、燕王旦妃華容夫人、宣帝廣陵王）、鮑司隷歌（民歌）、五噫歌（梁鴻）、董少平歌（光武時洛京民歌）、張君歌（光武時漁陽民歌）、廉叔度歌（章帝時蜀郡民歌）、范史雲歌（桓帝時梁沛間民歌）、岑君歌（桓帝時魏郡民歌）、皇甫嵩歌（靈帝時冀州民歌）、郭喬卿歌（光武時荊州民歌）、賈父歌（靈帝時交趾民歌）、朱暉歌（靈帝時臨淮民歌）、劉君歌（桓帝時民歌）、洛陽令歌（順帝時洛陽民歌）、歌（武帝時潁川兒歌）

謠辭──

越謠歌（古辭）、長安謠（成帝時）、城中謠（西漢末長安帝時會稽）二郡謠（桓帝時汝南、南陽二郡）、京兆謠（靈帝時）、謠（桓、靈時）、童謠（元帝時、成帝時）、歌謠（成帝時）、汝南童謠

第八卷

九、雜歌謠辭

第九卷

宋齊樂府詩解題

第七卷

漢朝樂府詩的簡史與解題

樂府詩，就是現在所說的歌辭。它產生於漢代。惟樂府這機構的設立，始於秦朝，漢書百官公卿表：「少府：秦官……屬官有尚書、符節、太醫、太官、湯官、導官、樂府……十六官令丞。」漢沿秦制，亦設樂府。其職掌大抵像周、秦的樂官，管郊廟樂章四時歌舞等事；所以漢初所製的樂舞歌詩，大都因先秦舊事，用於宗廟祭祀，如高祖時的宗廟樂，昭容樂，文始舞，武德舞，唐山夫人作房中歌等都是。又因漢高祖生長楚地，漢家貴族所作述志的歌詩多屬楚辭體。惠、文、景三世，於樂府則無所增更，習常隸舊而已（註一）。惠帝二年（西元前一九三），夏侯寬為樂府令，也只限於整理舊曲（註二）。一直到了武帝以李延年為協律都尉，并於太初元年（西元前一〇四）擴大了樂府的組織，樂府丞由一人增為三人（註三），大量製作郊廟樂章，收集民間歌謠；同時張騫從西域傳入摩訶兜勒一曲，李延年改製新聲二十八解；至此樂府詩才有重大的成就與發展，才能在文學史上放出了特異的光采。漢書禮樂志說：

至武帝定郊祀之禮，……乃立樂府（註四），采詩夜誦，有趙、代、秦、楚之謳。以李延年為協律都尉，多舉司馬相如等數十人造為詩賦，略論律呂，以合八音之調，作十九章之歌。

又佞幸傳李延年傳說：

李延年善歌，為新變聲。是時上方興天地諸祀，欲造樂，令司馬相如等作詩頌；延年輒承意絃歌所造詩，為之新聲曲。

又藝文志說：

自孝武立樂府而采歌謠，於是有趙、代之謳，秦、楚之風。

因此繁音妙樂，清歌奇舞，盛極一時。司馬相如上林賦述當日的狀況說：

張樂乎膠葛之寓，撞千石之鐘，立萬石之虡，建翠華之旗，樹靈鼉之鼓。奏陶唐氏之舞，聽葛天氏之歌；千人唱，萬人和，山陵為之震動，川谷為之蕩波。巴、渝、宋、蔡，淮南干遮，文成、顛歌，族居遞奏，金鼓迭起，鏗鎗闛鞈，洞心駭耳。荊、吳、鄭、衞之聲，韶、濩、武、象之樂，陰淫案衍之音；鄢、郢繽紛，激楚結風；俳優侏儒，狄鞮之倡：所以娛耳目樂心意者，麗靡爛漫於前。

因此產生了許多樂府歌詩。當時由樂府這機構所製作采集的歌詩，據漢書藝文志詩賦略所載，有下列三百一十四篇：

高祖歌詩二篇，泰一雜甘泉、壽宮歌詩十四篇，宗廟歌詩五篇，漢興以來兵所誅滅歌詩十四篇，出行巡狩及游歌詩十篇，臨江王及愁思、節士歌詩四篇，李夫人及幸貴人歌詩三篇，詔賜中山靖王子噲及孺子妾冰、未央材人歌詩四篇，吳、楚、汝南歌詩十五篇，燕、代謳，鴈門、雲中、隴西歌詩九篇，邯鄲、河間歌詩四篇，齊、鄭歌詩四篇，淮南歌詩四篇，左馮翊秦歌詩三篇，京兆尹秦歌詩五篇，河東蒲反歌詩一篇，黃門倡車忠等歌詩十五篇，雜各有主名歌詩十篇，雜歌詩九篇，雒陽歌詩四篇，河南周歌詩七篇，河南周歌聲曲折七篇、周謠歌詩七十五篇，周謠歌詩聲曲折七十五篇，諸神歌詩三篇，送迎靈頌歌詩三篇，周歌詩二篇，南郡歌詩五篇。

這些歌詩可分作兩類：一類是皇族與文士的作品；一類是民間無名氏的作品。看它篇目，民歌約佔五分之四，但據後人有關漢書藝文志的考證與註解，皇族作歌詩，流傳下來的較多，無名氏的民歌，可惜現在太半散失。雖然如此，但對後代樂府詩的影響很大。後來宣帝重修漢武故事，在神爵、五鳳間（西元前六一—五四），大興協律之事，頗作詩歌（註五）。元帝（西元前四八—三三）喜歡音樂，自己能吹洞簫，鼓琴瑟，度曲子，被歌聲（註六）。成帝（西元前三二—七）時，樂府所屬倡優伎樂多至近千人，鄭聲俗樂，盛行一時（註七）。樂府製樂采詩制度延續了一百多年。樂府詩對中國詩歌的貢獻，自然是極大的。到了漢哀帝時，因爲他不喜歡音樂，認爲沈溺音樂，是貧國背本之事，即位後（西元前六年），曾下令丞相孔光、大司空何武，裁撤樂府機構，將樂府員工八百二十九人，遣散了四百四十一人，只留三百八十八人，改屬大樂令，掌管郊廟宴會的樂章（註八）。但這個措施，幷沒有阻止民歌的發展。俗樂民歌經過百多年的提倡，已深爲一般人所喜愛。所以漢書禮樂志說：「然百姓漸漬日久，又不制雅樂，有以相變，豪富吏民，湛沔自若。」哀帝後樂府詩的製作仍然很多，到了東漢尤盛。

漢樂府的員工，據禮樂志所載，有鼓員、郊祭員、給事雅樂、夜誦員、剛、別、柎員、篪員、鐘工、磬工、簫工、僕射、竽工、琴工、柱工、繩絃工、張瑟員、倡、象人、大人員、謳員等等，還有專唱各地民歌，及奏各地土樂的，如邯鄲、江南、淮南、巴俞、楚、梁、臨淮、茲邡、鄭、沛、陳、東海、秦、銚、齊、蔡等等鼓員謳員：這是規模非常龐大的組織。哀帝時雖然裁減了許多人員；管樂機構，并未中絕。東漢光武帝時，有雲翹舞及育命舞的製作；明帝時、永平三年（西元六〇），把大樂官改爲大予樂（註九）。章帝元和三年（西元八六），製燕射歌詞，計宗廟食舉六篇、上陵食舉八篇、殿中御飯食舉七篇、太樂食舉十三篇。鞞舞歌有一曲名章和二年中，大約也是此時的創製。民歌與童謠更加流行起來。建安時代，復經曹操父子大力的提倡撰作，或沿舊曲而改作新詞，或撰新詞并創新曲，樂府詩於此更加盛了。民歌俗謠，就被文人的作品所代替，成爲一種風氣，影響到六朝、隋、唐、五代，於是文人創作擬作仿作的樂府詩，充滿於諸家的別集選集中，而在文學史上佔據了重要的一門。

漢朝樂府詩在文學史上的影響極爲盛大；所以我很早就想專就漢朝樂府而作解題。過去有關「樂府解題」的古籍：有班固漢書禮樂志、沈約宋書樂志、蕭子顯南齊書樂志、唐太宗敕撰晉書樂志、唐書音樂志……、崔豹古今注、馬縞中華古今注、張解元素正聲技錄、王僧虔伎錄、釋智丘古今樂錄、吳兢樂府古題要解、郗昂樂府古今解題、佚名樂府解題、沈建樂府廣題、郭茂倩樂府詩集等。其中私人的著作，現存的還有崔豹、馬縞、吳兢、郭茂倩幾家；其餘都已經佚亡，不過遺文仍多見於樂志及樂府詩集所徵引。然崔、馬之書涉及樂府，僅音樂一門有十數條罷了。吳兢之制，採用史傳文集，疏記所得，題考來歷，雖云詳備，惜所收有限。郭茂倩樂府詩集，可以說最完備了，題多作解，極便參考；可是仍多所缺。如：漢郊祀歌十九章、鐃歌十八曲，有許多沒有解題。全書像這樣的地方，仍然很多。其次郭氏所解，還有不盡善地方，或失之繁，或解之不當，或不大切題，或未能道出原作的意思；而且範圍廣泛，遍及各代，不是專研究漢詩的人所需要；所以我根據樂府詩集及其他史傳文集、箋注箚記資料，編撰這章解題。或採他舊說，或補他缺略，或刪他繁冗，或改他不當，或考他遺誤：使能切合題旨，而潔淨明確，俾有助於學者閱讀漢樂府詩。題下並附註見於樂府詩集中的卷數。

一、郊廟歌辭

漢郊祀歌十九章（VOL.1）

郊祀歌，爲祭祀天地，稱述功德之樂歌也。漢書佞幸傳：「是時，上方興天地諸祠，欲造樂，令司馬相如等作詩頌，延年輒承意，弦歌所造詩，爲之新聲曲。」禮樂志：「孝武之時定郊祀之禮，祠太一於甘泉，祭后土於汾陰，乃立樂府。以李延年爲協律都尉，多舉司馬相如等數十人造爲詩賦，略論律呂，以合八音之調，作十九章之歌。」其詞多爾雅之文，雅麗而難曉。

(1)練時日

迎神歌。宋書樂志二載謝莊明堂歌迎神歌詩注：「依漢郊祀迎神，三言四句一轉韻。」練時日正是「三言四句一轉韻」。作者不詳。陸侃如云：「此章若是司馬相如作，當在西元前一四〇─前一一七年間。」寫神降臨及獻觴祭祀之事。

(2)帝臨

祭黃帝、后土之歌。詩中有「制數以五」、「后土富媼」之句。顏師古注引張晏云：「此后土之歌也，土數五。」後漢書祭祀志中王先謙集解：「武帝樂歌，有帝臨一篇，祀中央黃帝。」漢書武帝紀：「元鼎四年十一月甲子，立后土祠于汾陰脽上。」當作於武帝元鼎四年。

(3)青陽、(4)朱明、(5)西顥、(6)玄冥

四時之樂歌，青陽爲迎春歌，朱明爲迎夏歌，西顥爲迎秋歌，玄冥爲迎冬歌。史記樂書說：「使僮男僮女七十人倶歌：春歌青陽，夏歌朱明，秋歌西皞，冬歌元冥。」後漢書祭祀志中：「立春，祭靑帝、句芒，歌青陽，八佾舞雲翹之舞。立夏，祭赤帝、祝融，歌朱明，八佾舞雲翹之舞。先立秋十八日，祭黃帝、后土，歌朱明，八佾舞雲翹、育命之舞。立秋，祭白帝、蓐收，歌西皓，八佾舞育命之舞。立冬，祭黑帝、玄冥，歌玄冥，八佾舞育命之舞。」作者，漢書禮樂志注爲「鄒子樂。」

(7)惟泰元

漢書王先謙補注：「爲伐南越，告禱泰一」之樂歌。漢武帝元鼎五年，南越王相呂嘉反，殺漢使者，漢遣兵伐之。按此章蓋爲用兵，祭告泰一，而祈其降福也，故有「招搖靈旗，九夷賓將」語。吳仁傑兩漢刊誤補遺云：「泰元即泰一。」

(8)天地

漢書王先謙補注：「郊祀志：並祠天一、地一、泰一：所謂『三一』。」詩有「天地並況，惟予有慕」句；又有「千童羅舞成八溢，合好効歡虞泰一」句。此章當爲祭天地與泰一之樂歌。

(9)日出入

祀日神歌。漢書武帝紀：「太始三年，幸琅邪，禮日成山。」如淳曰：「祭日於成山也。」郊祀志作「盛山」。

(10)天馬

(a)太一況一章：史記樂書載此詩，題爲「太一之歌」。漢書禮樂志曰：「元狩三年，馬生渥洼水中作。」又武帝紀曰：「元鼎四年(西元前一一三)六月，得寶鼎后土祠旁。秋，馬生渥洼水中，作寶鼎、天馬之歌。」所記年代不同，未知孰是。李斐曰：「南陽新野有暴利長，武帝時遭刑屯田燉煌界，數於渥洼水旁，見羣野馬。中有奇者，與凡馬異，來飲此水。利長後收得其馬獻之，欲神異之，云：『從水中出也。』」(b)天馬徠一章：漢書武帝紀曰：「太初四年春，貳師將軍李廣利斬大宛王首，獲汗血馬來，作西極天馬之歌。」禮樂志曰：「太初四年，誅宛王，獲宛馬作。」西域傳：「大宛國多善馬，馬汗血，言其先，天馬子也。」應劭曰：「大宛天馬種，蹄蹋石而有跡，汗從前肩髆出如血，號一日千里也。」至於史記樂書曰：「武帝伐大宛，得千里馬，名蒲梢，作歌曰：『天馬來兮從西極。』」則爲七言楚歌體；與漢書禮樂志三言體不同；而郭茂倩樂府詩集則係依據漢書禮樂志而錄也。

(11)天門

祭神祈福歌。歌曰：「光夜燭，德信著。」漢書武帝紀：「元封四年春三月，祠后土。詔曰：『朕躬祭后土，祇見光集靈壇，一夜三燭。』」又：王先謙曰：「郊祀志：『封禪祠其夜若有光。』所謂『光夜燭』也。又云：『已封泰山，方士更言蓬萊諸神，若將可得。上欣然，庶幾遇之，後東至海上望焉。』故末云：『專精厲意逝九閡，紛云六幕浮大海』也。」漢書武帝紀：「元封元年四月癸卯，上還登封泰山。」

(12)景星

一曰寶鼎歌。漢書武帝紀曰：「元鼎四年六月，得寶鼎后土祠旁，作寶鼎之歌。」禮樂志曰：「元鼎五年，得鼎汾陰作。」王先謙曰：「五當作四。」章如淳曰：「景星者，德星也。見無常，常出有道之國。」

(13)齊房

一曰芝房歌。漢書武帝紀曰：「元封二年夏六月，甘泉宮內中產芝，九莖連葉，作芝房之歌。」禮樂志：「元封二年，芝生甘泉齊房。」應劭曰：「芝，芝草也，其葉相連。」瑞應圖曰：「王者敬事耆老，不失舊故，則芝草生。」

(14)后皇

祭后皇之樂歌。漢書武帝紀：「元鼎四年冬十一月甲子，立后土祠于汾陰脽上。」詩曰：「物發冀州。」按：蓋指得寶鼎于汾陰也。

(15)華燁燁

漢書武帝紀曰：「元封五年，南巡狩至于盛唐，望祀虞舜于九嶷。……自尋陽浮江，親射蛟江中，獲之。……薄樅陽而出。作盛唐、樅陽之歌。」詩曰：「九疑賓，夔、龍舞。」似即武帝于盛唐，「望祀虞舜于九嶷」時所作歌。

⒃五神

王先謙曰：「此雲陽始郊見泰一作也。」

⒄朝隴首

一曰白麟歌。漢書武帝紀曰：「元狩元年冬十月，行幸雍，獲白麟，作白麟之歌。」顏師古云：「麟，麋身，牛尾，馬足，黃色，圜蹄，一角，角端有肉。」

⒅象載瑜

一曰赤雁歌。漢書禮樂志：「太始三年，行幸東海，獲赤雁作。」

⒆赤蛟

漢書武帝紀曰：「元封五年……自尋陽浮江，親射蛟江中，獲之。……薄樅陽而出，作樅陽之歌。」赤蛟歌曰：「赤蛟綏。」此歌似即「薄樅陽而出」時所作。

漢郊祀歌（VOL.1）

靈芝歌　　古辭

初學記卷十五，太平御覽卷五百七十，俱題班固作，爲頌漢論功歌詩。

漢安世房中歌十七章　　高祖姬唐山夫人

漢書禮樂志曰：「漢房中祠樂，高祖唐山夫人所作。凡樂樂其所生，禮不忘其本。高祖樂楚聲，故房中樂，楚聲也。孝惠二年，使樂府令夏侯寬備其簫管，更名安世樂。」爲享神樂歌。

二、鼓吹曲辭

漢鐃歌十八曲（VOL.16）

崔豹古今注曰：「漢有朱鷺等二十二曲，列於鼓吹，謂之鐃歌。」古今樂錄曰：「漢鼓吹鐃歌十八曲，字多訛誤：一曰朱鷺。二曰思悲翁。三曰艾如張。四曰上之回。五曰擁離。六曰戰城南。七曰巫山高。八曰上陵。九曰將進酒。十曰君馬黃。十一曰芳樹。十二曰有所思。十三曰雉子班。十四曰聖人出。十五曰上邪。十六曰臨高臺。十七曰遠如期。十八曰石留。又有務成、玄雲、黃爵、釣竿：亦漢曲也；其辭亡。」或云：「漢鐃歌二十一，無釣竿。擁離，亦曰翁離。」章帝建初錄：「務成、黃爵、玄雲、遠期，皆騎吹曲，非鼓吹曲。」漢書藝文志詩賦略曰：「漢興以來兵所誅滅歌詩十四篇。」王先謙曰：「疑即漢鼓吹鐃歌諸曲也。」又：「出行巡狩及游歌詩十篇。」王先謙曰：「漢鐃歌上之回曲，當亦在內。」魏、晉鐃歌，率多侈陳功烈；漢則鋪張之辭少，而艱苦之言多，詞質而意深。

(1)朱鷺

隋書樂志曰：「建鼓，殷所作。又棲翔鷺於其上，不知何代所加。」譚苑醍醐：「漢初有朱鷺之端。故以鷺形飾鼓，又以朱鷺名曲。」王先謙曰：「漢武帝時用孔僅、桑宏羊等人斂財，張湯等以刑罰求之，結果民不堪命，商賈中家以上皆破產。所以時人用朱鷺曲託諷，大聲疾呼曰：『朱鷺，今魚已烏有矣；其咎，應問誅求之人也。』」

(2)思悲翁

王先謙曰：漢高祖二年，兵敗彭城，漢王之父太公及呂后，爲項羽所擄。此乃漢軍將士所作，代漢王立言也，古稱太公爲翁。此說可備參考。

(3)艾如張

艾與刈同，芟草也。詞曰：「艾而張羅。」又曰：「雀以高飛奈雀何？」陳本禮曰：「元鼎五年多，武帝獵新秦中時作。」王先謙曰：「此詩刺武帝田獵之辭，當在建元三年。」

(4)上之回

漢書武帝紀曰：「元封四年冬十月，行幸雍，祠五時，通回中道，遂北出蕭關。」應劭曰：「回中，在安定。」孟康曰：「回中，武帝故宮。」此寫武帝游觀耀武，顏盼自雄之氣象，迸露言外。如：「游石關，望諸國，月支臣，匈奴服」是。

(5)翁離

一曰擁離。陳本禮曰：「武帝建元三年，開上林苑，周袤三百里，離宮七十所。」王先謙曰：「此歌諷武帝開上林之役，言彼南山擁翳彌離之山趾中，可築室也。」趾，足也。陸侃如曰：「寫居處的高潔。」

(6)戰城南

通鑑：漢高帝二年四月，項王擊漢於彭城，大破漢軍。漢卒入穀、泗水，死者十餘萬；又皆南走，楚追擊，漢卒十餘萬人被擠入睢水，水爲之不流。睢水在彭城南，泗水過彭城北。王先謙釋文以爲戰城南即歌此役；漢高帝戰敗彭城，軍士作歌，以述其意。言前日彭城之役，城南郭北，戰而死者二十餘萬人。梟士戰死，駑馬悲鳴；遍野腐屍，鳥啄獸食。此詩蓋爲暴露戰爭慘兄之作。

(7)巫山高

樂府解題曰：「古辭，言江、淮水深，無梁可度，臨水遠望，思歸而已。」

(8)上陵

詞曰：「甘露初二年，芝生銅池中。」甘露，漢宣帝年號。此歌侈陳瑞應神仙之事。王先謙曰：「頌陵、津之美，有仙人來遊，以諛宣帝也。」後漢書禮儀志，有上陵之禮；又稱西漢舊有。上，往也；陵，謂先帝陵寢。上陵之後，樂奏食舉，於是有上陵食舉曲。

(9)將進酒

詞曰：「將進酒，乘大白。」大略以飲酒放歌爲言。王先謙以此曲是武帝元封五年冬，南巡至盛唐，望祀虞舜，進酒侑神之時作。詩並追懷舜作韶樂歌詩，及使禹治水事。巡狩時作，令軍士歌唱，後遂爲軍樂。

(10)君馬黃

王先謙曰：「此因君不納諫，去國傷懷，而作之歌。」

(11)芳樹

陸機鼓吹賦曰：「歡芳樹之可榮。」謂鐃歌之芳樹篇，大抵軍士覽時物以興懷也。王先謙以爲此曲曰「愁煞」，曰「悲」，絕無「歡其可榮」之意；認爲此非陸機所謂之鐃歌。董若雨曰：「芳樹，憂君國也。」莊述祖曰：「芳樹，刺王以妾爲妻，好惡拂其性也。」王先謙則擴充莊說，以爲「此悲廣川王去之寵信妒后，悖亂失道，而作之歌」，引漢書景十三王傳稱：「廣川王去有幸姬王昭平、王地餘許以爲后。嘗疾，姬陽成昭信侍視甚謹，更愛之，殺地餘、昭平，立昭信爲后。幸姬陶望卿爲脩靡夫人，崔修成爲明貞夫人。昭信復譖殺望卿及諸幸姬凡十四人；幽諸姬於永巷。與昭信博飲游敖。其師數正諫，去逐之；兄文數諫去，不聽。去後廢。」先謙以爲是曲，非去師作，即文作也。芳樹，謂王；妒人，謂昭信。

(12)有所思

詞曰：「有所思，乃在大海南。」詞複義隱，委曲纏綿，似女與男決絕言情之作。王先謙以爲「武帝遣兵擊南粵，其城垂破，軍士將振旅凱旋而作歌。」其說未必可信。

(13)雉子班

此歌難解。王先謙認爲漢武帝時，上下禽荒，此歌乃借班雉託諷。分二段：前言戒雉子求止粱，須高飛；後言子被網，雉父母隨來，却見雉子被關車中，送往行在，供王孫玩好之需。

(14)聖人出

難解。王先謙曰：「此因武帝祀神而作歌。」

⒂上邪

此愛情之誓詞，情直而念婉。陳沆曰：「爲忠臣被讒自誓之詞。」王先謙以爲賈誼南貶長沙王太傅時作。說未可信。

⒃臨高臺

樂府解題曰：「古詞，言臨高臺，下見淸水，中有黃鵠飛翻。關弓射之，令我主萬年。」爲臣下祝賀君上萬壽之詩也。陳祚明曰：「古勁飄逸，開千秋七古之風。」陳沆曰：「此游宴頌美之辭也。江草香蘭，非西京事，蓋武帝南巡浮江時作。」王先謙以爲作於元封五年。

⒄遠如期

一曰遠期。古今樂錄曰：「漢太樂食舉曲有遠期。」詞曰：「單于自歸，動如驚心。虞心大佳，萬人還來，謁者引，鄉殿陳，累世未嘗聞之，增壽萬年亦誠哉。」全篇述單于歸化之意。言遠方蠻夷，如期來朝，獻祝天子萬壽。王先謙以爲此詩作於宣帝甘露三年，匈奴呼韓邪單于歸降來朝之時。

⒅石留

此曲不能句讀。詞曰：「石留涼。」王先謙曰：「此蘇武傷李陵而作。」以石喻李陵。涼指涼州，謂匈奴。以爲蘇武還國之後作。按：此說未可信。

臨高臺（VOL.18）　曹丕

漢鐃歌有臨高臺曰：「臨高臺以軒，下有淸水淸且寒。江有香草目以蘭，黃鵠高飛離哉翻。關弓射鵠，令我主壽萬年。收中吾。」黃節曰：「曹丕此篇擬之。後解則雜以艷歌何嘗行古辭。」曹丕詩曰：「爲臣當盡忠，願令皇帝陛下三千歲，宜居此宮。」蓋賀君壽之辭。

釣竿（VOL.18）　曹丕

崔豹古今注曰：「釣竿者，伯常子避仇河濱爲漁者，其妻思之而作也；每至河側，輒歌之。後司馬相如作釣竿詩，遂傳爲樂曲。」曹丕此篇擬之。詩曰：「釣竿何珊珊，魚尾何篵篵。行路之好者，芳餌欲何爲？」言釣者雖欲得魚，而魚方縱尾而逝；國君雖欲得賢，而賢方遵路而去；猶釣者之有芳餌，何所用也。」

三、相和歌辭

相和六引

箜篌引（VOL.26）　古辭

一曰公無渡河。崔豹古今注曰：「箜篌引者，朝鮮津卒霍里子高妻麗玉所作。子高晨起刺船。有一白首狂夫，披髮提壺，亂流而渡；其妻隨而止之；不及，遂墮河而死；於是援箜篌而歌曰：『公無渡河，公竟渡河，墮河而死，當奈公何？』聲甚悽慘，曲終，亦投河而死。子高還以語麗玉。麗玉傷之，乃引箜篌而寫其聲。聞者莫不墮淚飮泣。麗玉以其曲傳鄰女麗容，名曰箜篌引。」

相和曲

氣出唱三首（VOL.26）　曹　操

古相和曲名，馬融長笛賦序：「吹笛爲氣出。」游仙詩也。首章寫「駕六龍乘風而行」。其次歌華陰山。其次歌君山。

精　列　曹　操

劉向九歎：「精越裂而衰耄。」列，「裂」之本字，分解也。言萬物皆有終期，聖賢不免，何必懷憂？但憂人世不治，故以時過增歎也。

江　南　古　辭

樂府解題曰：「江南古辭，蓋美芳晨麗景，嬉遊得時。」

度關山（VOL.27）　曹　操

樂府解題曰：「魏樂奏武帝辭，言人君當自勤苦，省方黜陟，省刑薄賦也。」倡爲政節儉。

東　光　古　辭

古今樂錄曰：「張永元嘉技錄云：『東光，舊但絃無音，宋識造其歌聲。』」似詠東光軍中缺糧之事。東光、西漢縣名，東漢侯國。

十　五　曹　丕

古今樂錄曰：「十五，歌文帝辭。」古詩有「十五從軍征，八十始得歸。」梁鼓角橫吹曲爲紫騮馬歌。朱乾樂府正義疑曹丕此篇即擬古詩而作。歌寫登山遠望，見谿中景物，虎熊當道。朱乾曰：「水經注曰：『魏文帝獵於大石山，虎超乘輿，孫禮拔劍投虎於是山。山在洛陽南。』」

薤露（VOL.27）　古　辭

崔豹古今注曰：「薤露、蒿里，並喪歌也，本出田橫門人。橫自殺，門人傷之，爲作悲歌，言：人命奄忽，如薤上之露，易晞滅也；亦謂人死，魂魄歸於蒿里。至漢武帝時，李延年分爲二曲，薤露送王公貴人，蒿里送士大夫庶人，使挽柩者歌之，亦謂之挽歌。」譙周法訓曰：「挽歌者，漢高帝召田橫，至尸鄉，自殺，從者不敢哭，而不勝哀，故爲挽歌，以寄哀音。」按蒿里，山名，在泰山南。宋玉對楚王問曰：「其爲陽阿、薤露，國中屬而和者數百人。」據此考之，則薤露由來已久，不自田橫時始矣。

薤露　曹　操

擬古薤露歌，感傷曹卓之亂，使漢京殘破。建安初作。

薤露　曹　植

樂府解題曰：「曹植擬薤露行爲天地。」魏志本傳曰：「植每欲求別見獨談，論及時政，幸冀試用。」按曹植於魏明帝時代，始終求試用其才，一展平生素志。此詩曰：「願得展功勤，輸力於明君。懷此王佐才，慷慨獨不羣。」亦爲此意而作。

惟漢行　曹　植

曹操有薤露行曰：「惟漢二十二世。」曹植擬之作惟漢行，作於魏明帝時，詩曰：「行仁章以瑞，變故誠驕盈。」用諷明帝，並望廷臣能忠於國事也。篇名惟漢，蓋亦取殷鑒不遠之意。

蒿　里（VOL.27）　古　辭

亦古喪歌也，謂人死魂魄歸於蒿里。玉篇：「薨里，黃泉也，死人里也。」薨，乾也，蓋死則槁乾矣。作「蒿里」，乃流俗所誤耳。今泰安城西南三里，有高里山。山極小，其東北有廟，內供閻羅、酆都陰曹七十二司等神像，蓋沿蒿里喪歌之誤，直以「蒿里」為高里矣。

蒿　里　曹　操

此詩擬古蒿里行。漢獻帝初平初，關東州郡起兵討伐董卓，後演變成為爭勢奪利戰亂，使生靈塗炭，萬姓以之死亡。此詩作於建安初，蓋悲憤羣雄此種戰爭行動。

對　酒　曹　操

樂府解題曰：「魏樂奏武帝所賦，對酒歌太平。其旨言王者德澤廣被，政理人和，萬物咸遂。」

雞　鳴（VOL.28）　古　辭

樂府解題曰：「喻兄弟當相為表裏。兄弟三人近侍，榮耀道路。」

烏　生　古　辭

一曰烏生八九子。樂府解題曰：「古辭云：『烏生八九子，端坐秦氏桂樹間』，言烏母子本在南山巖石間，而來為秦氏彈丸所殺；白鹿在苑中，人得以為脯；黃鵠摩天，鯉在深淵，人得而烹煮之；則壽命各有定分，死生何歎前後也。」

平陵東（VOL.28） 古辭

崔豹古今注曰：「平陵東，漢翟義門人所作也。」樂府解題曰：「義，丞相方進之少子，字文仲，爲東郡太守，以王莽方簒漢，擧兵誅之，不克，見害，門人作歌以怨之也。」

平陵東 曹植

此篇僅用平陵東之題，未擬古意。言神仙之事。

陌上桑 古辭

一曰艷歌羅敷行。古今樂錄曰：「陌上桑歌瑟調，古辭艷歌羅敷行日出東南隅篇。」崔豹古今注曰：「陌上桑者，出秦氏女子。秦氏，邯鄲人，有女名羅敷，爲邑人千乘王仁妻。王仁後爲趙王家令。羅敷出，採桑於陌上。趙王登臺，見而悅之，因置酒欲奪焉。羅敷巧彈箏，乃作陌上桑之歌以自明。趙王乃止。」樂府解題曰：「古辭，言羅敷採桑，爲使君所邀，盛誇其夫爲侍中郎，以拒之。」與前說不同。

陌上桑 楚辭鈔

此詩全據屈原九歌山鬼篇改寫。山鬼爲七言楚歌體，此則改成三三七言體歌辭。如：山鬼曰：「若有人兮山之阿，被薜荔兮帶女蘿。」此詩改爲「今有人，山之阿，被服薜荔帶女蘿」是。

陌上桑 曹操

朱嘉徵曰：「魏宮夜宿歌也。」一說「宜爲房中夏秋之燕曲。」亦歌游仙之事。

陌上桑（VOL.28）　曹丕

詞曰：「遠從軍旅萬里客。」用寫征途上戰爭行旅之生活。「伴旅單，稍稍日零落」，暗示每天都有陣亡戰死之人，情詞悲切。

吟歎曲

王子喬（VOL.29）　古辭

劉向列仙傳曰：「王子喬者，周靈王太子晉也，好吹笙，作鳳鳴，遊伊、洛之間。道人浮丘公接以上嵩高山。三十餘年後，求之於山上，見桓良曰：『告我家，七月七日待我於緱氏山頭。』至時，果乘白鶴駐山頭，望之不得到，擧手謝時人，數日而去。爲立祠於緱氏山下及嵩高之首焉。」

平調曲

長歌行二首（VOL.30）　古辭

崔豹古今注曰：「長歌、短歌，言人壽命長短，各有定分，不可妄求。」按：古詩云：「長歌正激烈。」魏武帝燕歌行云：「短歌微吟不能長。」晉傅玄艷歌行云：「咄來長歌續短歌。」然則歌聲有長短，非言壽命也。古辭，其一云：「青青園中葵，朝露待日晞。」言芳華不久，當努力爲樂，無至老大，乃傷悲也。其二云：「仙人騎白鹿，……導我上太華。」言追隨仙人，出家太華；詞又曰：「遊寸戀所生。」言難斷思鄉之情。

鰕䱇篇　曹植

一曰鰕䱇篇。樂府解題曰：「曹植擬長歌行爲鰕䱇。」曹植於魏明帝太和時，屢次上表，皆見疑不用。其詞曰：「鰕䱇游潢潦，不知江海流。」蓋感傷世人不識其素懷，不理解其忠心，「高念翼皇家，遠懷柔九州。」以鰕䱇比世人，江海比自己，聲氣豪健。

短歌行二首（VOL.30）　曹操

樂府解題曰：「短歌行，魏武帝：『對酒當歌，人生幾何。』言當及時爲樂也。」梁容若師將此首定爲建安十三年，曹操在赤壁戰前，飲宴荆州降者，蒯越、王粲、文聘、韓嵩、鄧義等，封侯十五，笙瑟相慶時，爲勸降劉琦、孫權、劉備而作。言己好賢，一如周公。故詞曰：「我有嘉賓，鼓瑟吹笙，」又曰：「山不厭高，水不厭深。周公吐哺，天下歸心。」宜示寬洪大量，無所不容，門戶洞開，歡迎來歸之意。詞情意態，皆軒昂灑脫。詩以周公自比。其二歷詠周西伯、齊桓公、晉文公諸人之成霸業，然仍修臣節。如西伯之事殷，齊桓、晉文之尊周室，表明其心跡，在統一天下，匡復漢室。按：建安二十四年：曹操表孫權爲荆州牧，封南昌侯。權上書稱臣於操。陳羣皆曰：「漢祚已終，宜正大位。」操曰：「若天命在吾，吾爲周文王矣。」蓋以周伯、齊桓自比。

短歌行　曹丕

曹丕短歌行仰瞻一曲，作於曹操崩之時。詞曰：「長吟永歎，懷我聖考。」陳祚明曰：「思親之作也。」情詞悱惻。惟黃節以爲詞雖哀切，而屬僞飾。

猛虎行（VOL.31）　曹丕

古辭曰：「飢不從猛虎食，暮不從野雀棲。野雀安無巢，遊子爲誰驕。」猛虎爲題，蓋取首句字也。曹丕此篇「與君媾新歡」，反古辭之意而擬之。黃節曰：「此殆曹丕爲五官中郎將時，與陳、徐、應、劉之詩。」

君子行（VOL.32）　古辭

樂府解題曰：「古辭云：『君子防未然』。蓋言遠嫌疑也。」故詞又云：「瓜田不納履，李下不整冠。」

燕歌行　曹丕

樂府解題曰：「晉樂奏魏文帝秋風、別日二曲，言時序遷換，行役不歸，婦人怨曠，無所訴也。」廣題曰：「燕，地名也。言良人從役於燕，而爲此曲。」

從軍行五首　王粲

樂府解題曰：「從軍行：皆軍旅苦辛之辭。」王粲從軍行五首，建安二十年至二十一年間作。第一首中有句云「相公征關右」，寫平張魯還鄴，歌頌曹操之武功。第二、三、四首，詞有「桓桓東南征」「討彼東南夷」「帶甲千萬人，率彼東南路」，皆爲從征孫權時作，有鼓勵士氣，有描寫征夫之傷情，也有抒發隨軍心志者。第五首詞有「朝入譙郡界」，寫行軍至譙；譙郡爲曹操之故鄉，此詩頌美譙地。

清調曲

苦寒行（VOL.33）　曹操

樂府解題曰：「魏武帝北上篇，備言冰雪谿谷之苦。」在建安十年，曹操北越太行山，征高幹時作。寫出征行軍之艱苦，極悲壯蒼涼。

吁嗟篇　曹植

樂府解題曰：「曹植擬苦寒行爲吁嗟。」詞曰：「吁嗟此轉蓬，居世何獨然。」以漾草隨風飄轉，喻其屢次徙國之苦痛。詩似作於黃初四年，出京之後。以爲入朝，將步雲衢，誰知又令返國，如溺深淵。反映植於黃初時，備受乃兄壓迫之情。

豫章行（VOL.34）　古辭

樂府解題曰：「豫章，漢郡邑，地名。」託豫章山上白楊樹，言人物遇合之難。如詞曰：「會爲舟船燔」，喻材大小用，此大匠之過也。

豫章行二首　曹植

樂府解題曰：「曹植擬豫章爲窮達。」其一詠「窮達難豫圖。」論人之窮達，蓋由於際遇。其二曰：「鴛鴦自用親，不若比翼連。」論疏親之理，喻異姓雖親，不若骨肉至情。皆簡而當理，質而渾厚。

董逃行　古辭

崔豹古今注曰：「董逃歌，後漢游童所作也。」後漢書五行志曰：「靈帝中平中，京都歌曰：『承樂世，董逃。遊四郭，董逃。蒙天恩，董逃。帶金紫，董逃。行謝恩，董逃。整車騎，董逃。垂欲發，董逃。與中辭，董逃。出西門，董逃。瞻宮殿，董逃。望京城，董逃。日夜絕，董逃。心摧傷，董逃。』」按董謂董卓也；言雖跋扈殘暴，終歸逃竄，至於滅族。楊孚董卓傳曰：「卓改董逃爲董安。」又樂府解題曰：「古詞云：『吾欲上謁從高山。』言五岳之上，皆以黃金爲宮闕，而多靈獸仙草，可以求長生不死之術，令天神擁護君上，以壽考也。」

相逢行（VOL.34）　古辭

一曰相逢狹路間行，亦曰長安有狹斜行。樂府解題曰：「古辭，文意與雞鳴曲同。」

長安有狹斜行（VOL.35）　古辭

內容和相逢行相同。文字長短，稍有不同。大概由一個來源而來，由於傳播各地時，爲各地歌者所增添刪改，而略有變動。皆詠一家富貴，三子三婦之故事。

塘上行　曹操

鄴都故事曰：「魏文帝甄皇后，中山無極人。袁紹據鄴，與中子熙娶后爲妻。後太祖破紹，文帝時爲太子，遂以后爲夫人。后爲郭皇后所譖。文帝賜死後宮，臨終爲詩曰：『蒲生我池中。』」歌錄曰：「塘上行，古辭，或云甄皇后造。」樂府解題曰：「前志云：『晉樂奏魏武帝蒲生篇，而諸集錄，皆言其詞，文帝甄后所作。』歎因讒毀被棄，猶冀不以新好而遺故愛焉。」

蒲生行浮萍篇　曹植

王世貞藝苑巵言曰：「謂子建以蒲生當塘上。」直以此爲和甄后作。朱乾樂府正義亦曰：「此擬甄后作也。」和甄之說，皆緣樂府詩集此篇，冠以蒲生行三字而起。按玉臺新詠作浮萍篇，宋本曹子建集亦作浮萍篇，無蒲生行三字。類聚誤浮萍爲蒲生，樂府詩集又誤合「蒲生」「浮萍」爲一。則此篇與蒲生無關。詩以「浮萍寄清水，隨風東西流」作起；喻當日婦女在家庭中任人擺佈，蓋言棄婦盼丈夫回心轉意之作。

秋胡行二首（VOL. 36） 曹操

西京雜記曰：「魯人秋胡娶妻三月而遊宦。三年休，還家。其婦採桑於郊。胡至郊而不識其妻也，見而悅之，乃遺黃金一鎰。妻曰：『妾有夫遊宦不返，幽閨獨處，三年于茲，未有被辱於今日也。』採桑不顧。胡慙而退，至家問妻何在？曰：『行採桑於郊未返。』既歸還，乃向所挑之婦也。夫妻並慙，妻赴沂水而死。」事又見列女傳。樂府解題曰：「後人哀而賦之，爲秋胡行。」其一曰：「晨上散關山」，魏志：建安二十年三月，公西征張魯。夏四月，自陳倉，以出散關時作。散關，爲入蜀要道。其二曰：「願登泰華山，神人共遠遊。」此借遊仙詩，抒發他希望及時立功，與日月爭光之情志。文字極曲折。蓋用古題，而不擬古意。

秋胡行三首 曹丕

曹丕秋胡行，但歌魏德，而不取秋胡事，其一、「堯任舜、禹」，言「得人則安，失人則危」。其二、「朝與佳人期」，朱乾曰：「此魏文思賢之詩。」佳人喻賢者。其三、「汎汎綠池」，朱嘉徵曰：「樂賢者之來輔也。」

瑟調曲

善哉行（VOL.36）　古辭

樂府解題曰：「古辭云：『來日大難，口燥脣乾。』言人命不可保，當見親友，且永長年術，與王喬八公遊焉。」郭茂倩樂府詩集曰：「善哉者，蓋歎美之辭也。」

善哉行三首　曹操

曹操之作，略依古辭善哉行歎美之意。其一、「古公亶甫，」列詠古公、太伯、仲雍、伯夷、叔齊、仲山甫、管仲、晏嬰、孔子之事蹟。朱乾曰：「此篇隱然以太王，肇基王跡自居；以太伯、仲雍、伯夷、叔齊，讓國爲法；而責山甫、管仲之不能任賢，晏嬰之不能討賊；末以孔子之進退隨時，結之「隨制飲酒，揚波使官」。其二、「自惜身薄祜，夙賤罹孤苦。」祜，福也。曹操父嵩，董卓之亂，避難琅邪，爲陶謙所害。此首蓋內痛父親死於兵亂，外傷君上遭遇國變。大概是在建安元年作。其三、「朝日樂相樂」。宋書樂志及詩紀作魏文帝曹丕詩。爲賓客之飲宴歌。前言宴飲歡樂，結意於持滿不盈；後言衆賓散歸，結意於「榮華何不足」。

善哉行三首　曹丕

古出夏門行曰：「善哉殊復善，弦歌樂我情。」其一「上山採薇。」此寫奔波征途，託言苦飢，上山採薇，見野雉猴子成羣結隊，而引發鄉愁。命意深遠，風韻淸逸。其二「朝遊高臺觀，夕宴華池陰。」此詩前言朝夕游宴之樂，後言須加節制之意。高臺，銅雀臺。華池，芙蓉池。其三「有美一人，婉如淸楊。」朱乾曰：「魏文帝答繁欽書云：『守宮王孫世，有女曰瑣，年十五，素顏玄髮，皓齒丹脣，善歌，芳聲淸激，可謂聲協鐘石，氣應風律。……謹卜良日，納之閒房。』詩當指此。」

當來日大難（VOL.36）　　曹　植

古辭善哉行曰：「來日大難，口燥脣乾。」此篇取以命題，蓋擬善哉行也。當，代也；言以此篇代「來日大難」一也。朱乾曰：「植取今日相樂，皆當歡喜，意爲當來日大難。」此兄弟相別之詩。白馬王篇之流也。故詞曰：「今日同堂，出門異鄉。別易會難，各盡杯觴。」

隴西行（VOL.37）　　古　辭

一曰步出夏門行。樂府解題曰：「始言婦有容色，能應門承賓；次言善於主饋；終言送迎有禮。」通典曰：「秦置隴西郡，以居隴坻之西爲名。」

步出夏門行　　古　辭

古辭「邪徑過空廬」，言好人獨居，卒成仙道，遨遊天上。

步出夏門行　　曹　操

宋書樂志作碣石步出夏門行。又曰隴西行。此詩建安十二年，曹操北征烏丸（今熱河阿祿科爾沁一帶）時作，計有艷、及觀滄海、冬十月、土不同、龜雖壽等四章。觀滄海，寫大海之景，有呑吐宇宙氣象。冬十月，雖叙征途，不忘農商。土不同，言河朔風氣，勇俠輕非。龜雖壽，表現積極進取人生觀，所謂「老驥伏櫪，志在千里；烈士暮年，壯心不已」也。

丹霞蔽日行（VOL.37）　曹丕

古辭楊柳行曰：「讒邪害公正，浮雲蔽白日。」此篇曰：「丹霞蔽日，采虹垂天。」蓋以篇首爲題，而用古楊柳行意。日喻君，丹霞喻讒邪，喻臣蔽君明也。

丹霞蔽日行　曹植

曹丕樂府詩曰：「丹霞蔽日」，並題作丹霞蔽日行。植此篇，亦取曹丕篇名而作。此詩蓋詠漢之興亡，以作魏之殷鑒。黃節曰：「此篇以紂之殘虐宗臣，擬漢之誅夷公族；美周之一門三聖，而歎己之父兄不如也。」

折楊柳行　古辭

折楊柳曲，起源已遠。詩采薇有「楊柳依依」句。故折柳贈行人，後世遂成故事。此篇追述史事，言其因果，如：「末喜殺龍逢，桀放於鳴條。」「指鹿用爲馬，胡亥以喪軀」，即篇首所謂「默默施行違，厥罰隨事來。」

折楊柳行　曹丕

此擬古折楊柳行，亦追念往古事，以彭祖、老聃、王喬、赤松爲主，而言神仙之道不可信，皆虛辭空言也。

西門行　古辭

樂府解題曰：「古辭云：『出西門，步念之。』始言醇酒肥牛，及時爲樂；次言人生不滿百，常懷千歲憂，晝短苦夜長，何不秉燭遊；終言貪財惜費，爲後世所嗤。」

東門行（VOL.37）　古辭

樂府解題曰：「古辭云：『出東門，不顧歸，入門悵欲悲。』言士有貧不安其居者，拔劍將去，妻子牽衣留之，願共餔糜，不求富貴。且曰：『今時淸，不可爲非也。』」

却東西門行　曹操

却東西門，有回車反駕之意。却，回也。其詞曰：「鴻雁出塞北」，征戍之曲，道將士離鄉之悲，寄勸勞之意。

飲馬長城窟行（VOL.38）　古辭

一曰飲馬行。長城，秦所築以備胡者，其下有泉窟，可以飲馬。古辭云：「靑靑河畔草，緜緜思遠道」，言征戍之客，至於長城，而飲其馬，婦人思念其勤勞，故作是曲也。「畔」，應作「邊」字。樂府解題曰：「長城南有溪坂，上有土窟，窟中泉流，漢時將士征塞北，皆飲馬此水也。」樂府解題曰：「古辭，傷良人游蕩不歸。或云：『蔡邕之辭。』」

飲馬長城窟行　曹丕

此詞擬古飲馬長城窟行。「浮舟橫大江，討彼犯荆虜」，寫討伐東吳事。

飲馬長城窟行　陳琳

陳琳辭云：「飲馬長城窟，水寒傷馬骨」，言秦人苦長城之役也。按：此篇大概爲陳琳避難冀州時作，描寫人民徭役之苦，夫婦別離之情。亦建安初戰亂時代產品。

上留田行（VOL.38）　曹丕

上留田行，古辭曰：「里中有啼兒，似類親父子。回車問啼兒，慷慨不可止。」崔豹古今注曰：「上留田，地名也。人有父母死，不字其孤弟者；隣人為其弟作悲歌，以風其兄。」樂府廣題曰：「蓋漢世人也。」曹丕辭曰：「居世一何不同，上留田。富人食稻與粱，上留田。」是極好之民歌體。「上留田」，用在句尾，有聲無義，是用以協聲者。樸素活潑，可能是模仿民歌，或修改民歌而作。言祿命在天，無可怨也。

婦病行　古辭

古辭云：「婦病連年累歲，傳呼丈人前。」寫一男人妻死兒幼之悽慘狀況。極深刻感人。

孤兒行　古辭

一曰孤子生行。古辭曰：「孤兒生，孤子遇，生命當獨苦。」言孤兒遭遇，父母過世後，為兄嫂虐待之情形。沈德潛稱「淚痕血點，結綴而成」之作。

大牆上蒿行（VOL.39）　曹丕

古今樂錄曰：「王僧虔技錄：有大牆上蒿行。今不傳。」曹丕此篇擬古辭。其詞曰：「陽春無不長成。」約七十句，三百六十四字，共分七段：第一段言由牆蒿秋零，引起感觸。第二段言人生居世，短促如飛鳥棲枝，隱居儉約作甚？第三段言當及時遊樂。第四、第五段，詳述寶劍、冠服之美。第六段寫女樂飲宴之樂。第七段言不必自苦，使自己心悲，終結全文。朱乾等以爲勸駕之作。牆上生蒿，指隱士之居。並云「爲管寧作」。管寧，東漢末高士；黃初四年，魏文徵爲大中大夫，不受，（見魏志管寧傳）。故有人以爲此首與其秋胡行：「朝與佳人期，日夕殊不來。嘉肴不嘗，旨酒停杯」同意。王船山曰：「長句長篇，斯爲開山第一祖。」

野田黃雀行二首（VOL.39）　曹植

古今樂錄曰：「王僧虔技錄有野田黃雀行，今不歌。」曹植此篇擬之。其一曰：「置酒高殿上，親交從我遊。」黃節注以爲作於封平原或臨淄侯時。按：此時，曹植才二十多歲，不宜有「磬折欲何求？」「百年忽我遒！」之語。（磬折，謂年老身僂之狀。遒，盡也）。詩中又有「京洛出名謳」句，洛陽在董卓亂後，殘破不堪；洛陽之興復，始於曹丕即位，自鄴城遷都洛陽之時。由辭意及歷史背景，此篇似於明帝太和五年，上疏求存問親戚，入京燕享賓親之時作。先寫豐膳樂飲，賓主獻酢；次寫己已年衰，於世何求；又次寫光景西流，盛時難再；末言能知天命，終可無憂。其二：「高樹多悲風。」吳汝綸曰：「此篇當曹丕收丁儀下獄時作。」按：建安二十五年操卒，丕嗣位，即將植之黨丁儀、丁廙兄弟下獄，故植詩有「利劍不在掌，結友何須多」，喻其境。

雁門太守行　古辭

古今樂錄曰：「王僧虔技錄云：『雁門太守行，歌古洛陽令一篇。』」後漢書曰：「王渙字稚子，廣漢郪人也。渙晚敦儒學，略通大義；後舉茂才，除溫令。在溫三年，遷兗州刺史。歲餘，徵拜侍御史。永元十五年，爲洛陽令，政平訟理，發擿姦伏，京師稱歎。元興元年病卒，百姓咨嗟，民思其德，爲立祠安陽亭西。」樂府解題曰：「古歌詞：『孝和帝在此，』歷述渙本末，與傳合；而曰雁門太守行，所未詳。」

艷歌何嘗行（VOL.39）　古辭

一曰飛鵠行。又曰白鵠行。樂府解題曰：「古辭云：『飛來雙白鵠，乃從西北來』，言雌病，雄不能負之而去。『五里一反顧，六里一徘徊』，雖遇新相知，終傷生別離也。」辭喻夫婦之情。

艷歌何嘗行　曹丕

宋書此篇作古辭。樂府詩集作魏文帝曹丕辭；蓋從王僧虔技錄「艷歌何嘗行，歌文帝何嘗，古白鵠二篇」說。曹丕辭曰：「何嘗快，獨無憂。」擬古白鵠。樂府艷歌：「翩翩堂前燕，」爲夫婦之辭；古白鵠行亦喻夫婦之情；此篇復然。朱乾曰：「生富貴之家，襲父兄之寵，浮蕩樗蒱，途窮日暮，以至中道乖離，室家相棄。詩叙其妻悲怨之情也。」

艷歌行　古辭

樂府解題曰：「古辭云：『翩翩堂前燕，多藏夏來見』，言燕尚多藏夏來；兄弟反流蕩他縣。主婦爲綻衣服，其夫見而疑之也」；而感「遠行不如歸」。古今樂錄曰：「艷歌行非一，有直云艷歌，即艷歌行是也。若羅敷、何嘗、雙鴻、福鍾等行，亦皆艷歌。」

煌煌京洛行　曹丕

樂府解題曰：「晉樂奏文帝：『夭夭園桃，無子空長』，言虛美者多敗。又有：『韓信高鳥盡，良弓藏；子房保身全名；蘇秦傾側賣主；陳軫忠而有謀，楚懷不納；郭生古之雅人，燕昭臣之；吳起知小謀大；及魯仲連高士，不受千金』等語。」蓋評詠古人之行事。

門有萬里客（VOL. 40） 曹植

此題從門有車馬客行出，另取新題（見朱乾說）。黃節注以爲「此或爲吳王作也。」辭曰：「門有萬里客。」按：吳王名彪，字朱虎，植異母弟，初封弋陽王，黃初三年，改封吳王。此或有感彪之南徙爲吳王也。故詩曰：「本是朔方士，今爲吳越民。」

月重輪行 曹丕

崔豹古今注曰：「日重光，月重輪，羣臣爲漢明帝作也。明帝爲太子，樂人作歌詩四章，以贊太子之德：一曰日重光，二曰月重輪，三曰星重輝，四曰海重潤。」舊說：「天子之德，光明如日，規輪如月，衆輝如星，霑潤如海。太子比德，故云『重』也。」漢末喪亂，後二章亡。曹丕此篇，蓋擬古辭而作。其辭曰：「三辰垂光，照臨四海」。朱嘉徵曰：「頌嗣王也。」

楚調曲

白頭吟（VOL. 41） 古辭

古今樂錄曰：「王僧虔技錄曰：『白頭吟行，歌古皚如山上雪篇。』」西京雜記曰：「司馬相如將聘茂陵女爲妾，卓文君作白頭吟以自絕，相如乃止。」古辭云：「皚如山上雪，皎若雲間月，」言良人有兩意，故來與之相決絕之詞。疾人以新間舊，不能至於白首，故名白頭吟。

梁甫吟（VOL.41）　諸葛亮

李勉琴說曰：「梁甫吟，曾子撰。」琴操曰：「曾子耕太山之下，天雨雪凍，旬月不得歸，思其父母，作梁山歌。」陳武別傳曰：「武常騎驢牧羊，諸家牧豎十數人，或有知歌謠者；武遂學太山梁甫吟，幽州馬客吟，及行路難之屬。」蜀志曰：「諸葛亮好爲梁甫吟。」謝希逸琴論曰：「諸葛亮作梁甫吟。」梁甫，山名，在泰山下。又作泰山梁甫吟。諸葛亮梁甫吟曰：「步出齊城門，遙望蕩陰里。」歌春秋時晏嬰「二桃殺三士」之智謀也。

泰山梁甫行　曹植

古有泰山梁甫吟，植此篇用古題。藝文類聚樂部論樂云：「陳王曹植泰山梁甫吟行。」一本無「泰山」二字。其辭曰：「劇哉邊海民，寄身於草野，妻子象禽獸，行止依林阻。」黃節說：此詩與曹植遷都賦同意。言其屢次徙國，連遇瘠土。

怨詩行　曹植

宋書樂志：「楚調怨詩，有『明月』，東阿王詞七解。」古今樂錄曰：「怨詩行歌東阿王『明月照高樓』一篇。」樂府詩集亦作怨詩行。昭明文選列於哀傷，題曰七哀。玉臺新詠以爲雜詩。名七哀，蓋言哀戚之甚也。此寫閨思。過去學者舊注，皆以爲「思君」、「望文帝悔悟」之作。借丈夫未歸，閨婦愁思，象徵植對魏文帝之思情也。或以植際遇，與棄婦相似，故歌詠閨怨時，不覺流露身世之感。

怨詩（VOL.41） 阮瑀

言人生之流離苦辛。

怨歌行（VOL.42） 班婕妤

班婕妤怨詩行序曰：「漢成帝時，班婕妤失寵，求供養太后，於長信宮，乃作怨詩以自傷，託辭於『紈扇』云。」

怨歌行 曹植

論語曰：「爲君難，爲臣不易。」植詞云：「爲君既不易，爲臣良獨難。」言周公推心輔政，二叔流言，致有雷雨拔木之變。劉履曰：「此詩作於魏明帝時。子建於明帝爲叔父，故借周公之事，陳古以諷今也。」

大曲

滿歌行（VOL.43） 古辭

樂府解題曰：「古辭云：『爲樂未幾時，遭時嶮巇。』其始言逢此百罹，零丁荼毒，古人遜位躬耕，遂我所願；次言窮達天命，智者不憂；莊周遺名，名垂千載；終言命如鑿石見火，宜自娛以頤養，保此百年也。」

四、舞曲歌辭

雅舞

後漢武德舞歌詩（VOL.52） 劉蒼

一曰世祖廟登歌。宋書樂志曰：「漢高祖四年，造武德舞，舞人悉執干戚，以象天下樂已行武以除亂也。」漢書禮樂志曰：「高廟奏武德、文始、五行之舞。」東觀漢記曰：「明帝永平三年八月，公卿奏『世祖廟舞名』。東平王蒼議：『光武皇帝撥亂中興，武功盛大，廟樂舞，宜曰「大武之舞」，其文始、五行之舞，如故；進武德舞。』詔曰：『如驃騎將軍議。』進武德之舞如故。」

雜舞

巴渝舞歌詩（VOL.53）

魏太廟俞兒舞歌（矛俞、弩俞、安臺、行辭新福歌）四首 王粲

晉書樂志曰：「巴渝舞，漢高帝所作也。高帝自蜀漢將定三秦。閬中范因率賨人從帝為前鋒，號板楯蠻，勇而善鬥。及定秦中，封因為閬中侯，復賨人七姓。其俗喜歌舞。高帝樂其猛鋭，數觀其舞，曰：『武王伐紂歌也。』閬中有渝水，故曰巴渝舞。舞曲有矛渝、弩渝、安臺、行辭歌曲四篇。」巴即今巴州，渝即今渝州。宋書樂志曰：「魏俞兒舞曲四篇，魏國初建所用，使王粲改創其辭，為矛俞、弩俞、安臺、行辭新福歌，以述魏德。」

鞞舞歌詩

鼙（鞞）舞歌（聖皇、靈芝、大魏、精微、孟多）五首 曹植

宋書樂志曰：「鞞舞，未詳所起，漢代施於燕享。」古今樂錄曰：「鞞舞，梁謂之『鞞扇舞』，即巴

渝是也。鞞扇，器名也。……漢曲五篇：一曰關東有賢女，二曰章和二年中，三曰樂久長，四曰四方皇，五曰殿前生桂樹，並漢章帝造。」宋志又有漢吉昌及狡兔兩篇之目。不知是否即樂久長與四方皇之異稱。曹植自序云，其作鞞舞歌五篇，乃根據漢前曲改作。故宋志將其聖皇篇當漢章和二年中，靈芝篇當殿前生桂樹，大魏篇當漢吉昌，精微篇當關東有賢女，孟多篇當狡兔。按植於魏文帝黃初時作。今略述其內容：聖皇起頌文帝即位，後述諸侯就藩國時離別之情。靈芝述古孝子之故事，並悼念曹操，末有亂辭，頌文帝之德教。大魏慶豐年之樂歌；篇中多頌美帝德及祥瑞之辭。精微述古賢女之故事，並頌魏之德教治道。孟多寫田獵之情形，末有亂辭，亦頌帝之言也。皆長篇大曲，每首均三、四百言，文字雅麗，氣質雄勁。

鐸舞歌詩

聖人制禮樂篇（VOL,54）　古辭

唐書樂志：「鐸舞，漢曲也。」古今樂錄曰：「鐸，舞者所持也。」古鐸舞曲，有聖人制禮樂一篇，聲辭雜寫，不復可辨。

巾舞歌詩　古辭

古辭：「吾不見公莫時。」唐書樂志曰：「公莫舞，晉、宋謂之巾舞。」其說云：「漢高祖與項籍會鴻門，項莊舞劍，將殺高祖。項伯亦舞，以袖隔之，且語莊云：『公莫苦口。』人相呼曰公；言公莫害漢王也。漢人德之，故舞用巾，以象項伯衣袖之遺式。」宋書樂志曰：「按琴操，有『公莫渡

河』；然則其聲，所從來已久；俗云『項伯』，非也。」古今樂錄曰：「巾舞，古有歌辭，訛異不可解。」

碣石篇（觀滄海、冬十月、土不同、龜雖壽）四章（VOL.54）　曹　操

樂府解題曰：「碣石篇，晉樂奏魏武帝辭，首章言東臨碣石，見滄海之廣，日月出入其中。二章言農功畢，而商賈往來。三章言鄉土不同，人性各異。四章言老驥伏櫪，志在千里；烈士暮年，壯心不已也。」按相和大曲步出夏門行，亦有碣石篇，與此並同，但曲前更有豔爾。

淮南王篇　淮南小山

崔豹古今注曰：「淮南王，淮南小山之所作也。淮南王服食求仙，遍禮方士，遂與八公，相攜俱去，莫知所往。小山之徒，思戀不已，乃作淮南王曲焉。」班固漢武帝故事曰：「淮南王安好神仙，招方術之士，能爲雲雨，百姓傳云：『淮南王得天子，壽無極。』帝心惡之，使覘王云：『能致仙人，與共遊處，變化無常，又能隱形飛行，服氣不食。』帝聞而喜，欲受其道。王不肯傳。帝怒，將誅焉。王知之，出令與羣臣，因不知所之。」樂府解題曰：「古詞云：『淮南王，自言尊，』實言安仙去。」

散樂

俳歌辭（VOL.56）　古　辭

一曰侏儒導，自古有之，蓋倡優戲也。說文：「俳，戲也。」穀梁曰：「魯定公會齊侯於夾谷，罷會，齊人使優施舞於魯君之幕下。」范甯云：「優，俳；施，其名也。」王肅云：「俳優，短人也。」

南齊書樂志曰：「侏儒導，舞人自歌之。」古辭云：「俳不言不語。」俳歌八曲，前一篇二十二句；侏儒所歌，擿取之也。

五、琴曲歌辭

力拔山操（VOL.58）　項羽

漢書曰：「項羽壁垓下，軍少食盡。漢帥諸侯兵圍之數重。夜聞漢軍四面皆楚歌，驚曰：『漢已得楚乎？何楚人多也。』起飲帳中，有美人姓虞氏，常從；駿馬名騅，常騎；乃悲歌慷慨，自爲歌詩。歌數曲，美人和之。羽泣下數行，遂上馬，潰圍南出。平明，漢軍迺覺。」按：琴集有力拔山操，項羽所作也。

大風起　劉邦

大風起，漢高帝所作。漢書曰：「高祖既定天下，還過沛，留，置酒沛宮，悉召故人父老子弟佐酒。發沛中兒得百二十人，教之歌。酒酣，帝擊筑自歌，令兒皆和習之，帝自起舞。」

採芝操　四皓

琴集曰：「採芝操，四皓所作也。」古今樂錄曰：「南山，四皓隱居。高祖聘之，四皓不甘，仰天歎而作歌。」辭曰：「皓天嗟嗟。」寫其隱居生活。按：漢書曰：「四皓皆八十餘，鬚眉皓白，故謂之四皓；即東園公、綺里季、夏黃公、甪里先生也。」

四皓歌　崔鴻

一曰紫芝歌。崔鴻四皓歌曰：「漠漠商、洛。」崔鴻曰：「四皓爲秦博士，遭世暗昧，坑黜儒術，於是退而作此歌。」

八公操（VOL.58）　劉安

一曰淮南操。古今樂錄曰：「淮南王好道。正月上辛，八公來降，王作此歌。」

昭君怨（VOL.59）　王嬙

樂府解題曰：「王嬙，字昭君。琴操載：昭君，齊國王穰女，端正閒麗。年十七，獻之元帝。帝以地遠，不之幸，以備後宮。積五六年，帝每遊後宮，常怨不出。後單于遣使朝貢。帝宴之，盡召後宮，昭君盛飾而至。帝欲以一女賜單于。昭君乃越席請行。時單于使在旁，驚恨不及。昭君至匈奴。單于大悅，以爲漢與我厚，縱酒作樂，遣使報漢白璧一雙，騵馬十四，胡地珍寶之物。昭君恨帝始不見遇，乃作怨詩之歌。」漢書匈奴傳曰：「竟寧中，呼韓邪來朝，漢歸王昭君，號寧胡閼氏。」

胡笳十八拍　蔡琰

琴集曰：「蔡琰作」。蔡琰別傳曰：「漢末大亂，琰爲胡騎所獲，在右賢王部伍中，春月登胡殿，感笳之音，作詩言志曰：『胡笳動兮邊馬鳴。』」後漢書曰：「蔡琰，字文姬，邕之女也。博學有才辯，妙於音律。適河東衛仲道，夫亡無子，歸寧于家。興平中，天下喪亂，沒於南匈奴，在胡十二年生二子。曹操痛邕無嗣，乃遣使者以金璧贖之，而重嫁陳留董祀。」唐劉商胡笳曲序：「武帝與邕有舊，敕大將軍贖以歸漢。胡人思慕文姬，乃捲蘆葉爲吹笳，奏哀怨之音；後董生以琴寫胡笳聲，爲十八拍，今之胡笳弄是也。」琴集曰：「大胡笳十八拍，小胡笳十九拍，並蔡琰作。」按：蔡翼琴曲有大小胡笳十八拍，沈遼集世名沈家聲。小胡笳又有契聲一拍，共十九拍，謂之祝家聲，祝氏不詳何代人。」李肇國史補曰：「唐有董庭蘭，善沈聲、祝聲，蓋大小胡笳云。」據此可知十八拍曲，原用胡笳吹奏，胡人為文姬歸漢而作，大概隨文姬流傳入中國，後唐人董生改為琴曲。按胡笳十八拍結尾一拍歌詞有「胡笳本自出胡中，綠琴翻出音律同。」琴曲為唐董生所譜，則十八拍詞當為與董生的同時或稍後人所作。宋史藝文志樂類著錄蔡琰胡笳十八拍四卷，又有仿蔡琰胡笳十八拍；隋志、新舊唐志均不見著錄。又可見十八拍歌詞，確始於唐人。由歌詞內容看來，又皆足以證明為唐人作品。此詞大概為董生所翻之琴曲新譜而作。後隨琴歌之流行而傳開；因所寫為蔡琰之故事，後人遂以之為蔡琰所作。

琴歌二首（VOL.60）　司馬相如

琴集曰：「司馬相如客臨邛，富人卓王孫有女文君新寡，竊於壁間見之。相如以琴心挑之，為琴歌二章。」按漢書：「相如飲卓氏，弄琴；文君竊從戶窺，心悅而好之，乃夜亡奔相如。相如與馳歸成都。」

琴歌　霍去病

古今樂錄曰：「霍將軍去病益封萬五千戶，秩祿與大將軍等，於是志得意歡而作歌。」按琴操有霍將軍渡河操，去病所作也。

琴歌（VOL.60）　阮瑀

魏書曰：「太祖雅聞阮瑀，辟之不應，乃逃入山中，焚山得瑀。太祖大延賓客，怒瑀，不與語，使就技人列。瑀善解音，能鼓琴，撫弦而歌，爲曲旣捷，音聲殊妙。」

六、雜曲歌辭

蜨蝶行（VOL.61）　古辭

古辭曰：「蜨蝶之遨遊東園。」以篇首爲題，寫蜨蝶之飛遊，卒遇燕子。

桂之樹行　曹植

朱嘉徵樂府廣序曰：「漢鞞舞曲，五曰殿前生桂樹一篇；曲題疑本此。」游仙詩也。其辭曰：「要道甚省不煩，澹泊無爲，自然乘蹻萬里之外。」言仙道在澹泊無爲。

當牆欲高行　曹植

朱乾曰：「春秋傳曰：『人之有牆，以蔽惡也。今以蔽明，喻君門九重，不得自由也。』其辭曰：「衆口可以鑠金，讒言三至，慈母不親。」又曰：「願欲披心自說陳。君門以九重，道遠河無津。」

按：魏黃初二年，監國謁者灌均希旨，彈劾曹植「醉酒悖慢，刼脅使者。」又東郡太守王機、防輔吏倉輯等誣檢（見魏志陳思王傳注引曹植作自誡令）。魏志本傳末，引明帝景初中詔書說：「其收黃初中，諸奏植罪狀，公卿已下議尚書、中書、祕書三府大鴻臚者，皆削除之。」可知黃初中，希旨糾劾曹植者甚多。魏略云：「植入京謝罪，文帝不見；卞太后以爲自殺，對帝泣。及植自銕頸徒跣，詣闕下；帝猶嚴顏色，不與語。」

當欲遊南山行（VOL.61）　曹植

艷歌行有「南山石嵬嵬」一篇；此篇似擬之。其辭曰：「東海廣且深，由卑下百川。」言君上用人，應兼容並包，不棄小材。

當事君行　曹植

事君行，古辭已佚；當，代也。言事君之道，惟自盡其心，寧拙誠，毋巧詐。魏志稱「植任性而行，不自雕勵；丕御之以術，矯情自飾；宮人左右，並爲稱說，故遂定爲太子。」

當車已駕行　曹植

古辭車已駕行不傳。題作「車已駕」，言客欲去而留之也。故植辭云：「不醉無歸來，明燈以繼夕。」黃節曰：「其章製，上半四言，下半五言。一詩兩格，本三百篇，如：召南野有死麕、鄭風女曰雞鳴皆是。」

驅車上東門行　古辭

又見古詩十九首內。詠驅車洛陽上東門外，遙見郭北墓場，感悟生命如朝露，人生如寄旅，難逃大限，服藥求仙，亦是荒謬，不如飲酒著紈，享受快樂。

駕出北郭門行　阮瑀

此詩取篇首爲題。言孤兒受後母虐待之事，苦楚動人。

傷歌行（VOL, 62.）　古辭

傷歌行，側調曲也。古辭曰：「昭昭素明月。」絕離知友，傷而作歌也。

悲歌　古辭

古辭曰：「悲歌可以當泣，遠望可以當歸。」寫思念故鄉而無家可歸之情。

妾薄命　曹植

郭茂倩樂府詩集載妾薄命，分作「攜玉手」「日既逝矣西藏」兩首，詩意不全。今據藝文類聚，合為一篇。言樂飲歌舞，放情縱逸之歡樂。

羽林郎（VOL. 63）　辛延年

顏師古曰：「羽林，宿衛之官，言其如羽之疾，如林之多。」玉臺新詠卷一收有辛延年羽林郎詩，其辭曰：「昔有霍家奴，姓馮名子都。」而樂府詩集作「昔有鬟家姝，姓馮名子都。」第一句誤。此詩寫漢昭帝時大將軍霍光家奴馮子都調笑酒家女之故事。子都，名殷。

名都篇　曹植

郭茂倩曰：「名都者，邯鄲、臨淄之類也。以刺時人騎射之妙，游騁之樂，而無憂國之心也。」按：此首寫當時貴家子弟耽於遊獵宴樂之事。由「名都多妖女，京洛出少年」及「歸來宴平樂」句看來（平樂觀，在洛陽西），此首當於魏明帝太和末（或黃初初），曹植於魏京洛陽時作。

美女篇（VOL.63）　曹植

郭茂倩曰：「美女者，以喻君子。言君子有美行，願得明君而事之。若不遇時，雖見徵求，終不屈也。」此蓋將曹植寫閨情之詩，目爲寫君臣之關係。以爲夫喻君，妾喻臣，皆對君上託諷，或用以抒發抑鬱之作；故此詩之美女，亦自喻也。其實根據建安時，曹植感婚、靜思，王粲閑邪，阮瑀、陳琳止欲，應瑒正情諸賦之內容，全在描寫一盛年待嫁之美女，曠世絕色，千代無匹，使人夢思魂牽，看來，則此美女篇，當亦建安時，爲此一絕色女子作也。言其美貌及待嫁之心情。而非郭氏諸人所謂託喻之作。其中有些句子，係模仿樂府詩陌上桑者。

白馬篇　曹植

此詩以篇首爲題。寫幽、幷健兒，身手不凡，勇赴國難，視死如歸之心志。朱乾曰：「實自況也。」

苦思行　曹植

黃節曰：「此蓋子建自擬題。猶劉向九歎篇中怨思憂苦之辭也。」按其辭曰：「中有耆年一隱士……教我要忘言。」借仙人自戒，守默處世。蓋曹植晚年之作品。

升天行二首　曹植

樂府解題曰：「升天行，曹植云：『日月何時留。』又有上仙籙與神遊、五遊、龍欲升天等篇。此傷人世不永，俗情險艱，當求神仙，翺翔六合之外，與飛龍、仙人、遠遊篇、前緩聲歌同意。按龍欲升天，即當牆欲高行也。」植上仙籙與神遊、前緩聲歌等篇皆佚。表現其追慕神仙之思想，描繪天上之生活。

五遊（VOL.64）　曹植

其辭曰：「九州不足步，願得凌雲翔。」黃節曰：「言四方不足遊，而上遊乎天耳。」寫曹植想離開人間，遨遊仙鄉也。

遠遊篇　曹植

屈原遠遊篇曰：「悲時俗之迫阨兮，願輕舉而遠遊。」王逸云：「遠遊者，屈原之所作也。屈原履方直之行，不容於世，困於讒佞，無所告訴，乃思與仙人俱遊戲，周歷天地，無所不至焉。」按植遠遊詩曰：「崐崙本吾宅，中州非我家。」亦屈子不滿俗世，而求精神解脫之辭。蓋其處境與屈子相似，屢求用而見疑；故作遠遊詩，篇名由此而出。大概魏明帝太和時作。

仙人篇　曹植

樂府廣題曰：「秦始皇三十六年，使博士爲仙眞人詩，遊行天下，令樂人歌之。」仙眞人詩已佚。曹植此篇蓋言人生如寄，當養羽翼，徘徊九天，以從韓終、王喬於天衢也。

飛龍篇　曹植

屈原離騷曰：「爲余駕飛龍兮，雜瑤象以爲車。」郭茂倩曰：「曹植飛龍篇，亦言求仙者，與楚辭同意。」

門鷄篇　曹植

劉楨、應瑒俱有鬥鷄詩（見藝文類聚），蓋建安中同時作。鄴都故事：「魏明帝太和中，築鬥鷄臺。」可見鬥鷄爲當時流行之娛樂。此寫觀看鬥鷄之樂，寫鬥鷄之撲鬥情形，得勝神態，皆極生動。

盤石篇（VOL.64）　曹植

漢書文帝紀：「中尉宋昌進曰：高帝王子弟地，犬牙相制，所謂盤石之宗也。」黃節曰：「子建以此名篇，或有取於斯義。」植辭曰：「盤盤山巔石，飄颻澗底蓬。」言其遠貶，寫一路上所經之凶險，及其抱罪懼禍，懷邦爲國之情。魏文帝黃初時作。

驅車篇　曹植

其辭曰：「驅車揮駑馬。」以篇首爲題。魏志：「明帝太和中，蔣濟上疏曰：『宜遵古封禪。』後遂議修之，使高堂隆撰其禮儀。」黃節曰：「子建此篇，或當時作也。」李獻吉曰：「封太山，禪梁父，識者以爲好大喜功之戒。而陳思辭云：『探策或長短，惟德享利貞。封者七十帝，軒皇元獨靈。』獨歸美軒皇。見世有軒皇，亦何妨于封禪。非勸非沮，詞理俱勝。」

種葛篇　曹植

詩唐風葛生鄭玄箋曰：「夫從征役，棄亡不反，則其妻居家而怨思。」子建辭曰：「種葛南山下。」當從鄭箋而起意，作妻思夫之辭，寫婦人因年老色衰，而被夫遺棄之情。玉臺新詠卷二收建安時王宋雜詩二首，序曰：「王宋者，平虜將軍劉勳妻也，入門二十餘年。後勳悅山陽司馬氏女，以宋無子出之。」曹丕、王粲、曹植諸人皆作有出婦賦。植又作棄婦篇。此首殆亦寫此情也。

前緩聲歌（VOL.65）　古辭

郭茂倩曰：「按緩聲，本謂歌聲之緩。」詞意難解。

結客少年場行（VOL.66）　古辭

廣題曰：「漢長安少年殺吏，受財報仇，相與探丸爲彈，探得赤丸斫武吏，探得黑丸殺文吏。尹賞爲長安令，盡捕之。長安中爲之歌曰：『何處求子死？桓東少年場。生時諒不謹，枯骨復何葬？』」

東飛伯勞歌（VOL.72）　古辭

古辭曰：「東飛伯勞西飛燕。」詠女子傷別之情。以伯勞、燕子，東西分飛爲喻。此詩全篇七言，疑爲漢以後人作。

西洲曲　古辭

辭曰：「憶梅下西洲，折梅寄江北。」寫女子相思之情。完全江南風光，疑爲東晉以後人作品。

長干曲　古辭

長干，地名。寫江南風光，女子善駕舟，雖遇逆浪，亦不懼也。

董嬌饒（VOL.73）　宋子侯

詠春花美麗，遭人攀折之曲。

焦仲卿妻　古辭

此詩共三百五十七句，長一千七百八十五字，爲中國第一首五言長詩。寫焦仲卿與劉蘭芝一對恩愛夫婦，被迫離婚，終而殉情之故事。其序曰：「漢末建安中，廬江府小吏焦仲卿妻劉氏，爲仲卿母所遣，自誓不嫁，其家逼之，乃沒水而死；仲卿聞之，亦自縊於庭樹。時人傷之，而爲此辭也。」

枯魚過河泣（VOL.74）　古辭

其詞曰：「枯魚過河泣，」誡大人物出入須愼。即諺語所謂「龍落淺沙，爲蟻所噬。」

冉冉孤生竹　古辭

古詩十九首之一。劉勰文心雕龍明詩篇曰：「冉冉孤生竹，傅毅之詞。」寫女子怨迎親來遲之情。

咄唶歌

古咄唶歌曰：「棗下何攢攢，榮華各有時。棗欲初赤時，人從四邊來。棗適今日盡，誰當仰視之？」攢攢，棗花盛貌。寫人情世態之冷暖。

武溪深行　馬援

崔豹古今注曰：「武溪深，馬援南征之所作也。援門生爰寄生善吹笛。援作歌，令寄生吹笛以和之，名曰武溪深。」南征，指馬援征武陵蠻。

同聲歌（VOL.76）　張衡

樂府解題曰：「同聲歌，漢張衡所作也。言婦人自謂幸得充閨房，願勉供婦職，不離君子。思爲莞簟在下，以蔽匡牀；衾裯在上，以護霜露；繾綣枕席，沒齒不忘焉：以喻臣子之事君也。」

定情詩　繁欽

樂府解題曰：「定情詩，漢繁欽所作也。言婦人不能以禮從人，而自相悅媚，乃解衣服玩好致之，以結綢繆之志。若：臂環致拳拳，指環致慇懃，耳珠致區區，香囊致扣扣，跳脫致契闊，佩玉結恩情，自以爲志；而期於山隅、山陽、山西、山北；終而不答，乃自傷悔焉。」

樂府（VOL.77）　古辭

詠從行商西域之詩。

七、雜歌謠辭

歌辭

鄭白渠歌（VOL.83）　民歌

史記曰：「韓使水工鄭國說秦，令鑿涇水爲渠，曰鄭國渠。」漢書曰：「太始二年，趙中大夫白公復奏穿渠，引涇水，首起谷口，尾入櫟陽，注渭中袤二百里，溉田四千五百餘頃，名曰白渠。人得其饒，於是歌之。」漢武帝太始二年作。

雞鳴歌　後漢固始四縣衞士

樂府廣題曰：「漢有雞鳴。舊儀：宮中與臺，不得畜雞，晝漏盡，夜漏起，中黃門持五夜，甲夜畢傳乙，乙夜畢傳丙，丙夜畢傳丁，丁夜畢傳戊，戊夜是爲五更。未明三刻雞鳴，衞士起唱。」晉太康地記曰：「後漢固始、鮦陽、公安、細陽四縣衞士習此曲，於闕下歌之，今雞鳴歌是也。」周禮：「雞人掌大祭祀，夜嘑旦以嘂百官。」則所起亦遠矣。

平城歌（VOL.83）　　高祖時民歌

漢書匈奴傳曰：「高祖自將兵三十二萬擊韓王信。帝先至平城，步兵未盡到。冒頓縱精兵三十餘萬圍帝於白登七日，漢兵中外不得救餉。樊噲時為上將軍，不能解圍，天下皆歌之。後用陳平祕計得免。白登在平城東南，去平城十餘里。」

楚歌　　劉邦

一稱鴻鵠歌。漢書曰：「高祖欲立戚夫人子趙王如意而廢太子，後不果。戚夫人泣涕。帝曰：『為我楚舞，吾為若楚歌。』」其旨言太子得四皓為輔，羽翼成就，不可易也。顏師古曰：「楚歌者，楚人之歌，猶吳歈越吟也。」

歌（VOL.84）　　戚夫人

漢書外戚傳曰：「高祖得定陶戚姬，愛幸，生趙隱王如意。惠帝立，呂后為皇太后，迺令永巷囚戚夫人，髡鉗，衣赭衣，令舂，戚夫人舂且歌。」

畫一歌　　惠帝時民歌

漢書曰：「惠帝時，曹參代蕭何為相國。初高帝與何定天下，法令既明具；及參守職，舉事無所變更，一遵何之約束，於是百姓歌之。」

歌　　趙幽王

漢書曰：「趙幽王友、高帝之子。孝惠時，友以諸呂女為后，不愛，愛他姬。諸呂女讒之於太后。

太后怒，召趙王置邸，令衞圍守之。趙王餓，乃作歌，遂幽死。」

淮南王歌（VOL.84）　文帝時民歌

漢書曰：「淮南厲王長，高帝少子也。長廢法不軌。文帝不忍置於法，迺載以輜車，處蜀嚴道邛郵。長不食而死。後民有作歌，歌淮南王。帝聞之，迺追尊淮南王爲厲王，置園如諸侯儀。」

秋風辭　劉徹

漢武帝故事曰：「帝行幸河東，祠后土，顧視帝京忻然。中流與羣臣飲讌，帝歡甚，乃自作秋風辭。」

衞皇后歌　武帝時民歌

漢書曰：「衞子夫爲皇后，弟靑貴震天下。天下歌之。」

歌　李延年

漢書外戚傳曰：「李延年性知音，善歌舞，武帝愛之。嘗侍上坐，起舞而歌：『北方有佳人，絕世而獨立。……』上歎息曰：「世豈有此人乎？」平陽主因言延年有女弟。上召之，實妙麗善舞，由是得幸。」李延年所歌，乃其女弟之美。得幸後封爲李夫人。

李夫人歌　漢武帝劉徹

漢書外戚傳曰：「孝武李夫人，妙麗善舞，少而早卒。帝思念不已。方士齊人少翁言：能致其神。迺夜張燈燭，設帷帳，陳酒肉；而令帝居他帳遙望，見好女如李夫人之貌。帝愈相思悲感，爲作詩，令樂府諸音家弦歌之。」

歌（VOL.84）　烏孫公主

漢書西域傳曰：「武帝元封中，遣江都王女細君爲公主，嫁與烏孫王昆莫。至其國，因昆莫年老，言語不通，公主悲，乃自作歌。」

歌　匈奴

十道志曰：「焉支、祁連二山，皆美水草，匈奴失之，乃作此歌。」漢書曰：「元狩二年春，霍去病將萬騎，討匈奴，過焉支山千有餘里，其夏又攻祁連山，捕首虜甚多。」

驪駒歌　古辭

漢書儒林傳曰：「王式除爲博士，既至舍中。會諸大夫共持酒肉勞式，皆注意高仰之。博士江公心嫉式，謂歌吹諸生曰：『歌驪駒。』式曰：『聞之於師：客歌驪駒；主人歌，客毋庸歸。今日，諸君爲主人，日尚早，未可也。』驪駒者，客欲去歌之；故式以爲言也。」

瓠子歌二首　劉徹

漢書武帝紀曰：「元封二年四月，作瓠子歌。」溝洫志曰：「帝既封禪，乃發卒數萬人，塞瓠子決河。還，自臨祭，沈白馬玉璧，令羣臣從官，皆負薪塞決河。時東郡燒草，故薪少，乃下淇園之竹以爲楗。上既臨，河決；悼功之不就，爲作歌詩二章。於是卒塞瓠子，築宮名曰『宣防』。」

別歌　李陵

漢書曰：「昭帝即位數年，匈奴與漢和親。漢使求蘇武等，單于許武還。李陵置酒賀武曰：『異域之人，一別長絕。』因起舞而歌。陵泣下數行，遂與武決。」此李陵送別蘇武之歌，言己之情志。

歌二首（VOL.84）　宣帝時廣川王

漢書曰：「廣川王去，立陽城昭信爲后；幸姬陶望卿爲脩靡夫人，主繒帛；崔脩成爲明貞夫人，主永巷。昭信譖望卿，失寵。去與昭信等飲，諸婢皆侍，去爲望卿作歌曰：『背尊章。』後竟殺望卿。昭信欲擅愛，曰：『王使明貞夫人主諸姬，淫亂難禁。』乃盡閉諸姬舍門，上籥於后，非大置酒，召，不得見；去憐之，爲作歌曰：『愁莫愁。』」

牢石歌　元帝時民歌

漢書佞幸傳曰：「元帝時，宦官石顯爲中書令，與僕射牢梁、少府五鹿充宗結爲黨友，諸附倚者，皆得寵位，而民歌之，言其兼官據勢也。」

黃鵠歌　昭帝

西京雜記曰：「始元元年，黃鵠下太液池，帝爲此歌。」

歌　丙彊、景武

漢書禮樂志曰：「成帝時，鄭聲尤甚，黃門名倡丙彊、景武之屬，富顯於世。」隋書樂志曰：「天子宴羣臣之所用也。」寫宮女之生活。

五侯歌（VOL.85）　成帝時民歌

漢書曰：「成帝河平二年，悉封舅大將軍王鳳庶弟譚爲平阿侯，商、成都侯，立、紅陽侯，根、曲陽侯，逢時、高平侯，五人同日封，故世謂之『五侯』。時五侯羣弟爭爲奢侈，後庭姬妾各數十人，羅鍾磬，舞鄭女，作優倡，狗馬馳逐，大治第室，起土山漸臺，洞門高廊，閣道連屬彌望。百姓歌之，言其奢僭如此。」高都、外杜，皆長安里名。

上郡歌（VOL. 85）　成帝時民歌

漢書曰：「成帝時，馮野王爲上郡太守。其後，弟立亦自五原徙西河上郡。立居職公廉，治行略與野王相似，而多知有恩貸，好爲條教。吏民嘉美野王、立相代爲太守，乃歌之云。」故辭曰：「大馮君、小馮君，兄弟繼踵相因循。」

歌　昭帝時燕王旦

漢書曰：「燕刺王旦，武帝第四子，元狩六年四月，封燕王。昭帝元鳳元年，旦自以爲武帝子且長，不得立，乃與旦姊蓋長公主，左將軍上官桀交通，謀廢帝迎立。燕倉知其謀告之，由是發覺。王憂懣，置酒萬載宮，會賓客、羣臣、妃妾坐飲。王自歌，華容夫人起舞，坐者皆泣，王遂自殺。」

歌　燕王旦妃華容夫人

爲和燕王旦之歌。

歌　宣帝時廣陵王

漢書曰：「廣陵厲王胥，武帝第五子也。昭帝時，胥見帝年少無子，有覬欲心，迎女巫李女須使下神祝詛。宣帝即位，祝詛事發覺。胥置酒顯陽殿，召太子霸及子女等夜飲，使所幸鼓瑟歌舞，王自歌，奏酒至雞鳴時罷。」

鮑司隸歌（VOL.85）　民歌

樂府廣題曰：「列異傳云：『鮑宣，宣子永，永子昱，三世皆爲司隸，而乘一驄馬，京師人歌之。』」

五噫歌　梁鴻

三輔決錄曰：「梁鴻東出關，過京師，作五噫之歌。肅宗聞而悲之，求鴻不得。」

董少平歌　光武時洛京民歌

後漢書曰：「董宣字少平，光武時爲洛陽令，搏擊豪彊，京師號爲『臥虎』，而歌之云。」

張君歌　光武時漁陽民歌

後漢書曰：「張堪爲漁陽太守，捕擊姦猾，賞罰必信，吏民皆樂爲用，乃於狐奴開稻田八千餘頃，勸民耕種，以致殷富，百姓歌之。」

廉叔度歌　章帝時蜀郡民歌

後漢書曰：「廉范字叔度，建初中爲蜀郡太守。成都民物豐衍，邑宇逼側。舊制：禁民夜作，以防火災。而更相隱蔽，燒者日屬。范乃毀削先令，但嚴使儲水而已；百姓爲便，乃歌之云。」

范史雲歌　桓帝時梁、沛間民歌

後漢書曰：「范冉字史雲，桓帝時爲萊蕪長，遭母喪不到官。後遭黨人禁錮，遂推鹿車，載妻子，捃拾自資，所止單漏，有時絕粒，窮居自若，閭里歌之。」

岑君歌（VOL.85）　桓帝時魏郡民歌

後漢書曰：「岑熙爲魏郡太守，招聘隱逸，與參政事，無爲而化。視事二年，輿人歌之。」

皇甫嵩歌　靈帝時冀州民歌

後漢書曰：「皇甫嵩爲冀州牧，請冀州一年田租，以贍飢民。百姓歌之。」

郭喬卿歌　光武時荊州民歌

後漢書曰：「郭賀字喬卿，建武中爲尚書令，在職六年，拜荊州刺史，到官有殊政，百姓歌之。」

賈父歌　靈帝時交趾民歌

後漢書曰：「中平元年，交趾屯兵，執刺史及合浦太守。靈帝敕三府精選能吏，有司舉賈琮爲交趾刺史。琮到部，即移書告示，各使安其資業，百姓爲之歌。」

朱暉歌　靈帝時臨淮民歌

東觀漢記：「朱暉字文季，再遷臨淮太守，吏民畏愛，而爲之歌。」

劉君歌　桓帝時民歌

後漢書曰：「劉陶舉孝廉，除順陽長。縣多姦猾，陶到官，按發若神。後以病免，吏民思而歌之。」

洛陽令歌　順帝時洛陽民歌

長沙耆舊傳曰：「祝良字石卿，爲洛陽令。歲時亢旱，良乃暴身階庭，告誡引罪，甘雨登降。人爲之歌。」

歌（VOL.87）　武帝時潁川兒歌

漢書曰：「灌夫喜任俠，已然諾，諸所與交通，無非豪傑大猾，家累數千萬，食客日數十百人，陂池田園，宗族賓客爲權利，橫潁川。潁川兒歌之。」

謠辭

越謠歌　古辭

古辭曰：「君乘車，我帶笠，他日相逢下車揖。」言不以貧富，移其交誼。

長安謠　成帝時

漢書佞倖傳曰：「成帝初，石顯徙歸故鄉。其黨牢梁、陳順皆免官，少府五鹿充宗左遷玄菟太守，御史中丞伊嘉爲雁門都尉。」故謠辭曰：「伊徙雁，鹿徙菟，去牢與陳實無價。」

城中謠　西漢末長安

後漢書馬廖傳曰：「馬廖上皇太后疏所稱引：『前世長安城中語。』」蓋言上之所好，下必甚焉。

童謠　和帝時會稽

後漢書曰：「張霸永元中爲會稽太守，時賊未解，郡界不寧，乃移書開購，明用信賞，賊遂束手歸附，不煩士卒之力；於是有童謠。」

二郡謠（VOL.87）　桓帝時汝南、南陽二郡

後漢書曰：「汝南太守宗資任功曹范滂，南陽太守成瑨亦委功曹岑晊。范滂字孟博，岑晊字公孝，二郡爲謠。」

京兆謠　靈帝時

續漢書曰：「李燮拜京兆，詔發西園錢。燮上封事，遂止不發。吏民愛敬，乃爲此謠。」

謠　桓、靈時

後漢書曰：「桓、靈之世，更相濫舉，人爲之謠。」

童謠（VOL.88）　元帝時

謠辭曰：「井水溢，滅竈烟，灌玉堂，流金門。」漢書五行志曰：「元帝時童謠。至成帝建始二年三月戊子，北宮中井泉稍上，溢出南流。井水，陰也；竈烟，陽也；玉堂、金門，至尊之居：象陰盛而滅陽，竊有宮室之應也。王莽生於元帝初元四年，至成帝封侯，爲三公輔政，因以篡位也。」

童謠　成帝時

漢書五行志曰：「成帝時童謠。帝爲微行出遊，常與富平侯張放，過陽阿主作樂，見舞者趙飛燕而幸之。故曰：『燕燕尾涏涏』美好貌也。『張公子』，謂富平侯也。『木門倉琅根』，爲宮門銅鍰，言將尊貴也。後遂立爲皇后，與弟昭儀賊害後宮皇子，卒皆伏辜，所謂『燕飛來啄皇孫，皇孫死，燕啄矢』者也。」

歌謠（VOL.88）

成帝時

一曰邪徑曲。成帝時歌謠也。言趙飛燕嫡妬，使成帝無子。桂，赤色，象漢德。故歌云：「桂樹華不實」也。王莽自云：「代漢者德土色尙黃。」故歌云：「黃雀巢其顚」也。飛燕竟以廢死，故歌云：「今爲人所憐」也。（見漢書五行志及外戚傳）。飛燕於漢平帝即位初，廢爲庶人，自殺死。

汝南童謠

王莽時

謠辭云：「壞陂誰？翟子威。」漢書曰：「汝南舊有鴻隙大陂，郡以爲饒。成帝時，陂溢爲害。翟方進爲相，與御史大夫孔光，共遣掾行視，以爲『決去陂水，其地肥美，省隄防費，而無水憂』，遂奏罷之。及翟氏滅，鄉里歸惡，言方進請陂下良田不得，而奏罷陂。王莽時常枯旱，郡中追怨方進，時有童謠。子威，方進字也。」

南陽童謠

更始時

謠辭曰：「諧不諧，在赤眉；得不得，在河北。」後漢書五行志曰：「更始時，南陽有童謠。時更始在長安，世祖平定河北，大臣並譖專權，故謠妖作也。後更始爲赤眉所殺；世祖自河北而興。」

蜀中童謠

光武時

後漢書五行志曰：「世祖建武六年，蜀中童謠。時公孫述僭號於蜀。王莽稱『黃』；述欲繼之，故稱『白』。『五銖』，漢家貨，明當復也。述遂誅滅。」謠辭曰：「黃牛白腹，五銖當復。」蓋言王莽流，公孫述覆滅，漢家當復興也。

順帝末

京都童謠（VOL.88）

後漢書五行志曰：「順帝之末，京都童謠。」郭茂倩曰：「按順帝即世，孝質短祚。太尉李固以為清河王雅性聰明，敦詩悅禮，加又屬親，立長則順，置善則固。而梁冀建白太后，策免固，徵蠡吾侯，遂即至尊。固是月幽斃于獄，暴屍道路；而太尉胡廣封安樂鄉侯，司徒趙戒、厨亭侯，司空袁湯、安國亭侯。」故謠辭曰：「直如弦，死道邊。曲如鉤，反封侯。」

桓帝初

小麥童謠

後漢書五行志曰：「桓帝之初，天下童謠。」元嘉中，涼州諸羌，一時俱反。命將出衆，每戰常負。中國益發甲卒，麥多委棄，但有婦女穫刈之也。且調發及於有秩者，人不敢公言，私下咽語也。故謠辭曰：「小麥青青大麥枯，誰當穫者婦與姑，丈人何在西擊胡。吏買馬，君具車，請為諸君鼓嚨胡。」嚨胡，喉也。

桓帝初

城上烏童謠

後漢書五行志曰：「桓帝之初，京都童謠。」郭茂倩曰：「按此皆謂為政貪也。『城上烏，尾畢逋』者，處高利獨食，不與下共；謂人主多聚斂也。『公為吏，子為徒』者，言蠻夷將畔逆，父既為軍吏，其子又為卒徒，往擊之也。『一徒死，百乘車』者，言前一人往討胡既死矣，後又遣百乘車往。『車班班，入河間』者，言桓帝將崩，乘輿入河間，迎靈帝也。『河間姹女工數錢，以錢為室金為堂』者，靈帝既立，其母永樂太后，好聚金以為堂也。『石上慊慊舂黃粱』，言永樂唯積金錢，慊慊常若不足，吏人舂黃粱而食之也。『梁下有懸鼓，我欲擊之丞卿怒』者，言：永樂教靈帝，使賣官受錢，所祿非其人，天下忠篤之士怨望，欲擊懸鼓以求見；『丞卿』，主鼓者，亦復諂順，怒而止我也。」

京都童謠（VOL.88）　桓帝初

後漢書五行志曰：「桓帝之初，京都童謠。」按延熹末，竇武字游平，拜城門校尉；及竇太后攝政，爲大將軍，與太傅陳蕃合心戮力，惟德是建，印綬所加，咸得其人，豪賢大姓，皆絕望矣。故謠辭曰：「游平賣印自有平，不避豪賢及大姓。」

京都童謠　桓帝末

靈帝紀：「靈帝，河間王開曾孫；祖淑、父萇，世封解瀆亭侯；帝襲侯爵。桓帝崩，皇太后與父竇武定策，使劉儵持節，將左右羽林，至河間奉迎。」故謠辭曰：「白蓋小車何延延，河間來合諧，河間來合諧。」郭茂倩曰：「靈帝立，以儵爲侍中。中常侍侯覽畏其親近，白拜儵爲泰山太守，因令司隸，迫促殺之。朝廷少長思其功，乃拔用其弟郃，致位司徒。此爲合諧也。」蓋以「合諧」一語，指劉郃爲司徒事。郃、合同音。

京都童謠　靈帝末

後漢書五行志曰：「靈帝之末，京都童謠。至中平六年，少帝登躡至尊；獻帝未有爵號，爲中常侍段珪等所執，公卿百官，皆隨其後到河上，乃得來還。」故謠辭曰：「侯非侯，王非王，千乘萬騎上北芒。」

童謠（VOL.88）

獻帝初

謠辭曰：「燕南垂，趙北際，中央不合大如礪，唯有此中可避世。」後漢書五行志曰：「獻帝初童謠。公孫瓚以爲易地當之，遂徙鎭焉，乃脩城積穀，以待天下之變。建安三年，袁紹攻瓚。瓚大敗，縊其姊妹妻子，引火自焚。紹兵趣登臺斬之。初瓚破黃巾，殺劉虞，乘勝南下，侵據齊地，雄威大振，而不能開廓遠圖，欲以堅城觀時，坐聽圍戮，斯亦自易地而去世也。」

京都童謠

獻帝初

謠辭曰：「千里草，何青青。十日卜，不得生。」後漢書五行志曰：「獻帝元初，京都童謠。」「千里草」爲董，「十日卜」爲卓。「青青」盛貌。「不得生」，旋破亡也。言董卓暴興，旋即誅滅。

（註一）見史記樂書。

（註二）見樂府詩集安世房中歌解題及漢書禮樂志。

（註三）見漢書百官公卿表。樂府丞，位樂府令下；秦制僅設一人，至此更爲三丞。

（註四）乃立樂府，實謂武帝就原有樂府機構更張擴充，而非新設立。近人編文學史有據此以爲樂府始於武帝，蓋失考也。

（註五）見漢書王褒傳。

（註六）見漢書元帝本紀贊。

（註七）見全漢文桓譚文。

（註八）見漢書禮樂志。

（註九）見後漢書曹褒傳

第八卷

魏晉樂府詩解題

東漢末天下大亂，廟堂音樂一時沒落，樂器喪失殆盡，樂章亡佚殘缺，名樂師也因避亂流散各地，如西園鼓吹李堅流離關西，後依將軍段煨；雅樂郎杜夔則奔附荊州牧劉表。獻帝建安十三年（二〇八），曹操征荊州，降劉琮，始獲杜夔，使爲軍謀祭酒，令參加太樂事，創製雅樂。夔河南人，絲竹八音，無所不能。這時，散騎侍郎鄧靜、尹齊（一作尹商）善詠雅樂，歌師尹胡會唱宗廟郊祀的樂章，舞師馮肅、服養曉知先代各種舞蹈；於是在杜夔統領之下，精密研究，遠考經籍，近採故事，依當時尺度，製作樂器，令銅工柴玉鑄鐘，才得軒懸鐘磬，教習講肄，逐漸恢復古代宮廷的雅樂，相傳周詩小雅鹿鳴、召南騶虞、魏風伐檀、大雅文王四曲，用於正旦大會行禮之時。夔至魏文帝黃初中（二二〇—二二六）爲協律都尉（晉稱協律校尉），總主音樂。他的弟子邵登、張泰、桑馥後來各至太樂丞，對當日雅樂影響很大。至於俗樂，有漢代街陌間民歌俗曲，如：「江南可采蓮」、「烏生十五子」、「白頭吟」之類流傳下來。自東漢建安至魏初無論雅樂鄭聲都盛極一時；加以三祖陳王，大力倡作；繁欽、王粲、阮瑀、陳琳、繆襲、左延年紛抽藻思，或沿舊曲，或創新調，撰作歌詞，或抒情懷，或述酣宴，或寫故事，或傷羈戍，或贊神靈，或美功德，或詠游仙，或歌閨思；時人作的樂府詩也就盛極一時了。如曹植依李堅所傳的漢鼙舞曲，改作新歌五篇，後來魏明帝又造鼙舞歌「明明魏皇帝」五篇。又如魏國初建，王粲嘗據漢巴渝舞，改作魏太廟俞兒舞歌四篇，黃初三年（二二二）又改曰昭武舞；時又改漢宗廟安世樂曰正世樂，嘉至樂曰迎靈樂，武德樂曰武頌樂，昭容樂曰昭業樂，雲翹舞曰鳳翔舞，育命舞曰靈應舞，武德舞曰武頌舞，文始舞曰大韶舞，五行舞曰大武舞，歌詩多用舊詞，只有登歌及安世俞兒歌，用王粲所作新詞。魏明帝太和元年（二二七），改樂官爲太樂（太樂，漢朝舊官名；東漢明帝永平三年（六〇）改爲大予樂；至是改復舊名）。魏帝令繆襲就漢短簫鐃歌之樂，改作魏鼓吹曲楚之平等十二曲，歌頌曹魏的功德。吳景帝孫休永安中（二五八——二六三），亦使韋昭作吳鼓吹曲炎精缺等十二曲，用述孫堅、孫權的功業。太和中，左延年改杜夔所傳的騶虞、伐檀、文王三曲，另作聲節，和古調不同。後人又改作三篇行禮詩，第一首於赫篇詠魏武帝，用鹿鳴古曲；第二首巍巍篇詠魏文帝，用左延年改作的騶虞曲；第三首洋洋篇詠魏明帝，用延年改作文王曲；第四首仍用周詩鹿鳴曲辭。景初元年（二三七），作武始、咸熙、章斌三舞，皆執羽籥，用於朝廷及圓丘。

魏晉時著名的樂師，有孫氏善發揚舊曲，宋識善擊節唱和，陳左善清歌，列和善吹笛，郝索（一作郝素）善彈箏，朱生善琵琶，尤精新聲。傅玄撰文贊美這六位音樂家說「越古今而無儷，何但夔、牙同契哉！」漢相和歌，絲竹相和，執節者歌，本一部十七曲；魏明帝分爲二部，更遞夜宿，朱生、宋識、列和等復合之爲十三曲：其中氣出唱、精列、度關山、薤露、蒿里、對酒等並曹操所作詞；十五，曹丕詞；江南、東光、鷄鳴、烏生、平陵東、陌上桑，並漢人古詞。其後晉荀勗又採舊詞施用於世，謂之「清商三調歌詩」。三調，即平調，清調，瑟調。

西晉武帝受命，各種制度剛剛草創。泰始二年（二六六）詔郊祀、明堂的禮樂，暫時仍用魏儀；但命傅玄改作祭天地五帝的郊祀歌詞以及祭祖的宗廟歌詞。傅玄又改漢短簫鐃歌，製晉鼓吹曲靈之祥等二十二篇；改漢鼙鼓舞，製晉鼙鼓舞歌洪業等五篇；這些都是歌頌晉諸帝的盛德功烈。晉人又改魏昭武舞曰宣武舞，羽籥舞曰宣文舞。傅玄作矛俞、劍俞、弩俞、安臺行亂歌詩四篇，是爲宣武舞歌；又作羽籥舞歌、羽鐸舞歌，是爲宣文舞歌。宣武、宣文二舞，用於郊廟；至晉武帝咸寧元年（二七五），才改用正德、大豫二舞。至宴樂嘉賓、行禮食舉等樂，晉初亦用「鹿鳴」古曲。泰始五年（二六九），才使太僕傅玄，中書監荀勗、黃門侍郎張華、中書侍郎成公綏等，各作正旦大會行禮及王公上壽酒、食舉東西廂等樂歌，取代魏曲；因在殿前東西廂演奏，又分黃鍾、太簇、姑洗、蕤賓等四廂，又稱四廂樂歌。當時詩人傅玄、張華、陸機、石崇、劉琨等作有其他如燕射、相和、雜曲、雜歌之類的歌詞，所寫內容甚廣，都是西晉著名的樂府詩的作者。泰始九年（二七三），光祿大夫荀勗典知樂事，以杜夔所製樂器，律呂乖錯，乃據周時玉尺（一說銅尺），作新律呂，以調聲韻。次年並奏毀列和在魏朝時所製笛律，另作新律笛十二枚。並令太樂郎劉秀、鄧昊等作大呂笛，郝生鼓箏，宋同吹笛，爲雜引相和諸曲。按古奏樂時，均以鍾磬爲韻，但在饗宴殿堂沒有廂懸鍾磬的場所演奏，則以笛爲正；蓋笛有一定調，故從笛爲正；笛猶鍾磬，故必合律呂。部郎劉秀、鄧昊、王豔、魏邵等，與笛工一起作笛。

工人造笛，律者定聲。荀勗並起用郭瓊、宋識等，據新笛律造正德、大豫二舞；荀勗和傅玄、張華又爲製舞歌；咸寧元年（二七五），用於宗廟，取代宣武、宣文二舞。荀勗又要修正杜夔所作鍾磬，未成，勗卒。惠帝元康三年（二九三），勗子藩繼承其事；不久，遇到永嘉之亂，他修訂的鍾磬，就未曾留傳下來。舞曲還有武帝太康中（二八〇——二八九）的杯盤舞，這是就漢朝的盤舞改成，晉人另加之以杯。

晉惠帝時，八王亂起。到了懷帝永嘉五年（三一一）六月，匈奴攻破晉京洛陽（河南洛陽），擄帝北去，中原淪亡，轉入「五胡亂華，建國十六」的時代。江南由司馬睿建都建康（江蘇南京），是爲元帝，建立東晉。當時中州的人士避亂江淮的下游，佔十之六七，衣冠文物，多所移往；然而禮樂方面，卻因伶官樂器，沒於石勒，音韻曲折，又無識者，雖常有歌工樂師自胡來歸，但是孤竹之管，雲和之瑟，空桑之琴，泗濱之磬，百不存一，雖時加採掇增添，然終東晉末安帝、恭帝之世，亦未全備。東晉初建（三一七），遂省太樂、鼓吹二令。後來才稍得登歌、食舉之樂。明帝太寧末（三二五），阮孚又加增益。到成帝咸和中（三二六——三三四），才恢復設置太樂官，以戴綏爲令，主持其事，鳩集遺逸，可是還沒有鍾磬等樂器。庾亮謝尚要修復雅樂；未具，亮卒。庾翼、桓溫等執政時，專重軍旅，於是樂器存庫至於朽壞。穆帝永和八年（三五二），前燕慕容儁攻滅冉魏石閔；閔時都鄴（河南臨漳），這時鄴下樂人頗有來歸者。永和十一年（三五五），謝尚鎭壽陽，又採拾樂師，以備太樂，並制石磬，雅樂才稍具規模；尙自己也頗作樂詩。廢帝太和五年（三七〇），前秦將王猛平鄴，前燕慕容氏得自石閔的樂聲，又入苻秦都長安（陝西長安）。孝武帝太元八年（三八三），謝玄在淝水之役大破前秦主苻堅，獲樂工揚蜀等人。蜀閑習古樂，於是四廂金石始告完備。帝乃使曹毗、王珣作宗廟歌詩，可是郊祀仍不設樂。東晉的雅樂發展極慢；但在其他樂歌方面，卻吸收了孫吳留傳下來的宮庭樂舞，及吳地流行的民歌俗曲。如拂舞舊云吳舞，大都舞於殿庭；其中白鳩舞，「乃吳人患孫皓虐政，思屬晉也」；濟濟、獨祿二篇，亦江南人的舞曲。白紵舞，也起於孫吳時。至於吳聲歌曲，大都出於江南民間，開始都是徒歌，後來才配上管絃，舊樂器有箎、箜篌、琵琶，後來增加笙、箏；東晉以後，新曲逐漸增多；有「子夜歌」等二十二曲；其中十九曲，可確定爲晉人所作。此外還有大子夜歌、黃生歌二種。作品很多，大都是無名氏的作品，多半歌詠男女的愛情。此外有神弦歌宿阿等十一曲，大都是三國孫吳以來江南一帶民間的祀神歌曲。東晉詩人張駿、謝尙、梅陶、楊方、陶潛也都作有樂府歌詩。

魏晉各地還有許多民歌童謠，用寄民情，諷刺時事。此外還有夏育扛鼎、巨象行乳，神龜抃舞，背負靈嶽，桂樹白雪，畫地成川之樂。東晉其他伎樂還有高絙、紫鹿、跂行、鼈食及齊王、捲衣、笮兒等等。

本篇收魏晉時代樂府詩有魏明帝曹叡、繆襲以下五百七十四首，我根據郭茂倩樂府詩集及其他史志文集、箋註劄記資料，撰著這篇解題。題下並附註見於樂府詩集中的卷數。至於曹操、曹丕、曹植、繁欽、王粲、阮瑀、陳琳、甄后、蔡琰、諸葛亮等人所作樂府詩的解題，已經收於拙著漢詩研究（正中書局出版）「漢朝樂府詩的簡史與解題」一章中，因此這裏不再贅錄。

一、郊廟歌辭

晉郊祀歌五首（卷一）　傅玄

晉書樂志上曰：「武帝泰始二年，詔郊祀，明堂禮樂，權用魏儀，但改樂章而已，使傅玄爲之詞。其祀天地五郊，有夕牲歌，迎送神歌，饗神歌。」古時天子於京都南郊之圜丘祭天帝，北郊之方丘祭地祇，五時祭五帝（於密時祭青帝、上時祭黃帝、下時祭炎帝、畦時祭白帝、北時祭黑帝，是謂五精之帝）。郊祀歌，即祭祀天地五帝之樂歌。晉書禮志上曰：「泰始二年正月，時羣臣議：『五帝即天也，王氣時異，故殊其號，雖名有五，其實一神；明堂、南郊，宜除五帝之坐，五郊改五精（青帝、炎帝、黃帝、白帝、黑帝）之號，同稱昊天上帝，各設一坐而已。地郊又除先后配祀。』帝悉從之。」由此可見晉武帝泰始初郊祀五帝與地郊配祀，不同於古制。

(1)夕　牲　歌

晉書樂志作「祀天地五郊夕牲歌」，言進薦玄牡，敬事神靈，祈神聽之。夕牲，即選牲，於祭祀之前一夕先省視挑選牲具，以供神也。晉書禮志上曰：「漢但云犢，未辨其色；江左南北郊，同用玄牲。」夕牲歌，於牲出入時所奏之樂歌。

(2)迎　送　神　歌

晉書樂志作「祀天地五郊迎送神歌」，言晉宣帝、文帝日靖四方，光天之命，故神祇來降。於尸出入時奏之。

(3)饗神歌三首

晉書樂志作「饗天地五郊歌」。饗通享。其一曰：「受終于魏，奄有黎民」，祈百神享牲降福也。其二曰：「昊天子之，祐享有晉。」祈告天帝福祐晉朝也。其三曰：「宣、文惟后，克配彼天。」用頌晉宣帝、文帝之能立制修禮，作民之極，昌盛後裔，永保天下也。按晉書禮志上曰：「泰始二年二月丁丑，郊祀宣皇帝以配天宗（日月星爲三宗），祀文皇帝於明堂以配上帝。」

晉天地郊明堂歌五首（卷一）　傅玄

晉天地郊、明堂歌，蓋南郊祭天、北郊祭地、明堂祭祖時所演奏之樂歌。按亦傅玄於晉武帝泰始二年作（見晉書樂志上），有夕牲歌、降神歌、天郊饗神歌、地郊饗神歌、明堂饗神歌；其中夕牲、降神二歌，天地郊與明堂同用。

(1)夕　牲　歌

言敬事上帝，百福降臨；祖考配天，受神保祐。晉書樂志作「天地郊、明堂夕牲歌」，可見此一夕牲歌，爲祭祀天地及明堂祀祖時選牲，可以通用之樂歌。

(2)降　神　歌

言我皇（晉武帝）受命，郊祀祭享，祈神祇祖考，昌盛後裔也。晉書樂志作「天地郊、明堂降神歌」，可見此一降神歌，亦祭祀天神地祇及明堂祀祖之時，可以通用之樂歌。

⑶天郊饗神歌

於冬至日南郊祭天時所奏之樂歌。其詞曰：「整泰壇，祭皇神。」泰壇，即今天壇，祭天之處，在南郊。於地上封土爲圜丘，象天圓也；泰，尊稱也。按魏泰壇在洛陽南委粟山，晉是否沿用舊壇，無考。祭天時，積薪壇上，取玉及牲，置柴上燔之，使氣達於天（見禮祭法疏）。晉所祭天神甚衆。據晉書禮志上記載東晉「天郊則五帝之佐、日、月、五星、二十八宿、文昌、北斗、三臺、司命、軒轅、后土、太一、天一、太微、句陳、北極、雨師、雷、電、司空、風伯、老人：凡六十二神也。」此歌言燎柴燔牲，禮祭天神，奏樂潔齋，享牲享觴，神悅降福也。

⑷地郊饗神歌

於夏至或陽復之日北郊祭地時所奏之樂歌。其詞曰：「整泰折，竢皇祇。」泰折，即今地壇，祭地之處，在北郊，於水澤中築方丘（方形壇），象地方也，又稱方澤。折，言壇折旋合矩。祭地時，瘞縉埋牲於泰折，以祭地祇（見禮祭法疏）。晉所祭地祇甚衆。據晉書禮志上記載東晉「地郊則五嶽、四望、四海、四瀆、五湖、五帝之佐、沂山、嶽山、白山、霍山、醫無閭山、蔣山、松江、會稽山、錢唐江、先農凡四十四神也。江南諸小山，蓋江左（東晉）所立。」此歌言禮祭地祇，歌舞享飮，神歆福佑也。

⑸明堂饗神歌

明堂，天子之太廟，用以祭祀五帝，配祀祖考；又闡明政教，朝見諸侯，及饗功養老，教學選士，亦皆在其中（見禮明堂位疏引蔡邕明堂月令章句及大戴禮盛德篇、考工記匠人鄭玄注）。晉書武帝紀：「泰始二年二月丁丑，祀文皇帝於明堂，以配上帝。」故明堂饗神歌蓋爲祭祀晉宣帝與晉文帝之樂歌。

晉宗廟歌十一首（卷八）

傅玄

晉書禮志上曰：「（晉武帝）泰始二年正月，有司奏置七廟；帝重其役，即用魏廟，追祭征西將軍、豫章府君、潁川府君、京兆府君與宣皇帝、景皇帝、文皇帝爲三昭三穆。」沈垚晉書賀循傳書後曰：「晉武帝定郊廟禮，用王肅說，潁川、京兆與宣、景、文三帝爲高祖以下四親廟，征西、豫章爲六世、五世無服之祖之廟。其時太祖虛位；景與文以兄弟同爲一世，故六世之祭，上及征西，而廟數適七。」南齊書樂志曰：「晉泰始中，傅玄造廟夕牲昭夏歌一篇，迎送神肆夏歌詩一篇、登歌七廟七篇、饗神歌二篇。玄云：登歌，歌盛德之功烈，故廟異其文。至於饗神，猶周頌之有䨻及雍，但說祭饗神明禮樂之盛：七廟饗神皆用之。」按晉用魏廟，嘗加改創，武帝太康八年正月殿陷，九月改營新廟於洛陽宣陽門內，遠致名材，雜以銅柱，十年四月廟成，始遷神主於新廟也（見晉書武帝紀、禮志上及通典五一引孫平子封事）。

⑴夕　牲　歌

晉書樂志作「祠廟夕牲歌」，南齊書樂志作「廟夕牲昭夏歌」。天子宗廟之祭：春曰祠，夏曰礿，秋曰嘗，冬曰烝。昭夏，古樂章名，九夏之一。周禮春官鐘師昭夏注：「牲出入，奏昭夏。」言供牲享神，神鑒其誠。詞曰：「祖考降饗，以虞孝孫之心。」

⑵迎送神歌

晉書樂志作「祠廟迎送神歌」，南齊書樂志作「迎送神肆夏歌」。肆夏，古樂章名，九夏之一。周禮春官大司樂：「尸出入，則令奏肆夏。」言神明降臨，受我祭祀也。

⑶征西將軍登歌

晉書樂志作「祠征西將軍登歌」。司馬鈞字叔平，爲晉武帝之六世祖，嘗爲後漢征西將軍（見晉書宣帝紀）。登歌，指祭祀燕饗之時，樂工於廟堂上所演奏之樂歌。如禮明堂位中所謂「升歌清廟，」即登歌也，歌詠周文王之功德；故後代之登歌，多用頌祖宗之功烈也。

⑷豫章府君登歌

晉書樂志作「祠豫章府君登歌」。司馬量字公度，鈞子爲晉武帝之五世祖，嘗任豫章太守（見晉書宣帝紀）。漢太守所居稱府，因號太守曰「府君」。言祭祖意，祈享祀降福。

⑸潁川府君登歌

晉書樂志作「祠潁川府君登歌」。司馬儁字元異，量子，爲晉武帝之高祖，博學好古，倜儻有大度，儀狀魁岸，與衆有異，鄉黨宗族咸景附焉，位至潁川太守（見晉書宣帝紀及三國志魏志司馬朗傳注司馬彪序傳）。言至雋始使本支克昌也。

⑹京兆府君登歌

晉書樂志作「祠京兆府君登歌」。司馬防字建公，雋子，爲晉武帝之曾祖，性質直，雖閒居宴處，威儀不忒，雅好漢書，諷誦數十萬言，少仕州郡，官至京兆尹，漢建安二十四年（二一九）終，年七十一，（見晉書宣帝紀及三國志魏志司馬朗傳注司馬彪序傳）。言其顯顯令德，高明清亮，篤生聖祖（司馬懿），光濟四國。

⑺宣皇帝登歌

晉書樂志作「祠宣皇帝登歌」。司馬懿字仲達，防子，晉武帝之祖。曹操時爲魏太子中庶子，即以輒有奇策稱世；魏文帝、明帝時，屢率師與蜀相諸葛亮對抗，使亮不能得志於中原；魏齊王嘉平初，殺大將軍曹爽，代爲丞相，執國政，三年（二五一）卒。後孫炎遂得代魏，追尊爲宣皇帝（見晉書武帝紀）。故詞曰：「於鑠皇祖，聖德欽明」，「經始大業，造創帝基」。

⑻景皇帝登歌

晉書樂志作「祠景皇帝登歌」。司馬師字子元，懿長子，晉武帝之伯父。沈毅有大略，懿卒，繼以撫軍大將軍輔政。魏齊王嘉平四年遷大將軍，任用賢才，四海傾注。正元元年，誅政敵中書令李豐、太常夏侯玄、光祿大夫張緝。未幾廢魏齊王，另立高貴鄉公爲帝。二年（二五五）討平鎮東大將軍毋丘儉之亂，不久卒，年四十八。姪炎受禪，追尊爲景皇帝（見晉書景帝紀與武帝紀）。故詞曰：「纂宣

（宣帝司馬懿）之緒，耆定厥功。登此儁乂，糾彼羣凶。」

⑼文皇帝登歌

晉書樂志作「祠文皇帝登歌」。司馬昭字子上，懿次子，晉武帝父。魏高貴鄉公正元二年兄師歿，嗣爲大將軍，專國政，甘露三年平鎭東大將軍諸葛誕之亂，景元元年弑魏高貴鄉公，更立常道鄉公爲帝，進封相國，封晉公，四年派鄧艾、鍾會滅蜀，咸熙元年平鍾會亂，進爵爲晉王，二年（二六五）八月卒，年五十五。子炎受魏禪，爲晉武帝，追尊號爲文皇帝（見晉書文帝紀與武帝紀）。故詞讚之曰：「萬機莫綜，皇斯清之；虵豕放命，皇斯平之；柔遠能邇，簡授英賢；創業垂統，勳格皇天。」

⑽饗神歌二首

晉書樂志作「祠廟饗神歌」。其一曰：「曰晉是常」，言祭祀祖考，致敬永慕，並祈福佑之意。其二曰：「肅肅在位」，共分三章，反覆言奏樂舞蹈，歌功詠德，以樂神明。

晉江左宗廟歌十三首（卷八）

晉書樂志下曰：「江左初立宗廟，遭經喪亂，舊典不存。（晉孝武帝）太元中，破苻堅，獲其樂工揚蜀等，閑習舊樂，於是四廂金石始備焉，乃使曹毗、王珣等增造宗廟歌詩。」曹毗作有歌晉之宣帝、景帝、文帝、武帝、元帝、明帝、成帝、康帝、穆帝、哀帝及四時祠祀歌等十一首；晉書樂志載十首，脫去歌穆帝一首，穆帝一首見於宋書樂志，錄在康帝之下。王珣作有歌晉簡文帝及晉孝武帝二首。按東晉元帝於建武元年立宗廟於建康（今江蘇南京），後續增廣，至孝武帝太元十六年始改作太廟，殿正室十四間，東西儲各一間，合十六間，棟高八丈四尺（見晉書禮志），堂基長三十九丈一尺，廣十丈一尺（見宋書禮志），廟成，備法駕遷神主于太廟，設脯醢之奠（見晉書禮志）。而晉破苻堅事在太元八年（三八三）十一月；孝武帝崩於太元二十一年九月（見晉書孝武帝紀）；王珣卒於晉安帝隆安四年（四〇〇）五月（見晉書安帝紀）。據此，則曹、王所作晉宗廟歌當在孝武帝太元八年之後，最可能在太元十六年新廟落成設奠祭祀時作；其中王珣作歌孝武帝一首，自當在太元二十一年孝武帝崩後。晉書王珣傳曰：「（孝武）帝崩，哀冊謚議，皆珣所草。」可爲旁證。

⑴歌高祖宣皇帝　　曹毗

言宣帝開創帝基，道比唐虞。高祖，爲宣帝廟號，晉武帝咸寧元年十二月所追尊（晉書武帝紀）。

⑵歌世宗景皇帝

言景帝承運，繼昌大業。並頌其平鎭東大將軍毋丘儉、揚州刺史文欽二人之亂，功冠宇內。故詞曰：「蠢矣二寇，攘我揚楚。」世宗，爲景帝廟號，亦晉武帝所追尊。

⑶歌太祖文皇帝

詞曰：「皇室多難，嚴清紫宮。」指文帝使成濟弒魏高貴鄉公，更立魏常道鄉公爲帝事。紫宮即皇宮。又曰：「平蜀夷楚，以文以戎。」平蜀指派鄧艾、鍾會破蜀，蜀主劉禪歸降。夷楚指擊平鎭東大將軍諸葛誕連同吳將文欽、全悰之亂，而聲名流播無窮也。太祖，爲文帝廟號，亦晉武帝所追尊。

(4)歌世祖武皇帝

晉武帝炎字安世，昭長子。魏常道鄉公咸熙二年（二六五）昭卒，嗣爲晉王；十二月受魏禪，即帝位，國號晉，都洛陽，改元泰始。故詞曰：「應期登禪，龍飛紫庭。」於太康元年，大舉伐吳滅之。漢末天下分裂數十年，至是始就統一。故詞曰：「殊域既賓，僞吳亦平。」帝明達善謀，能斷大事，故得撫寧天下。在位二十六年，於太熙元年（二九〇）四月乙酉崩，時年五十五，謚武，廟號世祖。（見晉書武帝紀）。按晉武帝即位之初，頗有儉德，平吳之後，遂怠政術，耽於遊宴，且大封宗室，使居要地，盡去州郡武備，致卒後不久，遂有八王及五胡之亂。

(5)歌中宗元皇帝

晉元帝睿字景文，宣帝曾孫，琅邪恭王覲之子也。年十五嗣王位。晉懷帝永嘉初，鎮建業，賓禮賢雋，江東歸心焉。時中原因八王之亂，死者數十萬人，胡人乘虛入侵，五年劉曜陷洛陽虜懷帝北去。司空荀藩推睿爲盟主。晉愍帝時進位爲丞相，大都督中外諸軍事。建興四年劉曜入長安虜愍帝，西晉遂亡。太興元年三月帝即位於建康，偏安江左，史稱東晉。在位六年，於永昌元年（三二二）崩，年四十七，謚元，廟號中宗（見晉書元帝紀）。故詞曰：「元皇勃興，網籠江漢，仰齊七政，俯平禍亂。」按晉元帝有恭儉之德，而雄武不足，故中原淪陷而不能恢復，王敦威權重而致叛亂。

(6)歌肅宗明皇帝

晉明帝紹字道畿，元帝長子，永昌元年即位，聰明機斷，善撫將士，時王導輔政，朝多賢俊，太寧二年七月王敦舉兵內向，帝親率軍出征，大破敦軍，王敦憤惋而死。故詞曰：「姦逆縱忒，罔式皇度；躬振朱旗，遂豁天步。」在位三年，於太寧三年（三二五）崩，年二十七，謚明，廟號肅宗（見晉書明帝紀）

(7)歌顯宗成皇帝

晉成帝名衍字世根，明帝長子，太寧三年即位，年五歲，由舅氏庾亮輔政。咸和二年蘇峻反，三年逼遷帝於石頭，陶侃、溫嶠討誅峻。峻弟逸領其衆，四年諸軍破逸，滕含抱帝奔溫嶠船，逸敗死，亂遂平。帝在位十八年，於咸康八年（三四二）崩，年二十二，謚成，廟號顯宗（見晉書成帝紀）。帝初以年少，受制於舅氏，及長頗留心政事，務在簡約，史稱帝「恭儉之德，足追蹤于往烈」。故詞曰：「邁德蹈仁，匪禮弗過。敷以純風，濯以清波。」

(8)歌康皇帝

晉康帝岳字世同，成帝母弟，咸康八年六月即位，居哀憂悼，不親執政，一委之舅氏中書令庾冰，在位二年多，於建元二年（三四四）九月崩，年二十三，謚康（見晉書康帝紀）。故詞曰：「康皇穆穆，仰嗣洪德，爲而不宰，雅音四塞。」

(9)歌孝宗穆皇帝

晉穆帝聃字彭子，康帝子，建元二年九月即位，年二歲，皇太后設白紗帷於太極殿，臨朝攝政十二年，至升平元年始親萬機。永和三年使桓溫伐蜀滅成漢（亦稱後蜀，爲晉時十六國之一），蜀人又立范賁爲帝，五年周撫等又擊滅之。時聞中原諸胡相爭，復謀進取，六年之後，陸續使殷浩、桓溫、謝奕等北伐。帝在位十七年，於升平五年（三六一）崩，年十九，諡穆，廟號孝宗（見晉書穆帝紀）。故詞曰：「西平僭蜀，北靜舊疆。高猷遠暢，朝有遺芳。」

⑽歌　哀皇帝

晉哀帝丕字千齡，成帝長子。穆帝無嗣，皇太后立之，於升平五年即位。帝雅好黃老，斷穀餌藥，中毒，不能理事。太后復臨朝攝政。在位四年，於興寧三年（三六五）崩，年二十五，諡哀（見晉書哀帝紀）。故詞曰：「雅好玄古，大庭是踐。道尚無爲，治存易簡。」

⑾歌太宗簡文皇帝　王珣

晉簡文帝昱字道萬，元帝少子，美風姿，好清言，沖虛寡欲，仁明有智，封會稽王，歷宰穆帝、哀帝、廢帝三世，爲人望所歸，桓溫所敬憚。咸安元年十一月溫既廢廢帝，迎昱爲帝。時溫威震內外，帝雖處尊位，拱默而已。在位不及一年，咸安二年（三七二）七月崩，年五十三，諡簡文，廟號太宗（見晉書簡文帝紀及廢帝海西公紀）。故詞曰：「靈明若神，周淡如淵。沖應其來，實與其遷。」按史稱「帝雖神識恬暢，而無濟世大略；故謝安稱爲惠帝之流，清談差勝耳。」

⑿歌烈宗孝武皇帝

晉孝武帝曜字昌明，簡文帝第三子，咸安二年七月即位，以謝安輔政，太元八年前秦苻堅大舉入寇，帝詔謝石、謝玄等拒之，大破秦兵於淝水。後百濟等國遣使來貢。故詞曰：「神鉦一震，九域來同。

道積淮海，雅頌自東。」帝英姿英挺，威權己出，雅有人君之量，惟溺於酒色，張貴人有寵，年幾三十；帝戲之曰：「汝以年當廢矣。」貴人潛怒，向夕帝醉，貴人使婢以被蒙帝面弒之。在位二十四年，於太元二十一年（三九六）九月崩，年三十五，謚孝武，廟號烈宗，（見晉書孝武帝紀與御覽九九引續晉陽秋）。

⒀四時祠祀歌 曹毗

禮王制：「天子諸侯宗廟之祭，春曰礿，夏曰禘，秋曰嘗，冬曰蒸。」此爲春夏秋冬四時祭祀宗廟所奏之歌詩，共分三章，先言「宣兆祚，武開基」，次言「說功德，吐清歌」，再次言「詠九功，永無極」，以虞神也。

二、燕射歌辭

晉四廂樂歌三首（卷十三） 傅玄

宋書禮志一曰：「漢、魏之禮，……凡遣大使，拜皇后王公，及冠皇太子，及拜蕃王，帝皆臨軒；其儀太樂令宿設金石四廂之樂於殿前。」後此晉、宋、齊朝會、燕饗、食舉時所用之樂歌，皆統稱四廂樂歌。四廂，朝會奏樂之所，按設在殿前東西廂，又分黃鐘、太簇、姑洗、蕤賓等四廂。晉書樂志上曰：「及晉初食舉亦用鹿鳴。至（晉武帝）泰始五年，尚書奏使太僕傅玄、中書監荀勗、黃門侍郎張華各造正旦行禮及王公上壽酒、食舉樂歌詩。時詔又使中書侍郎成公綏亦作焉。」（又見宋書樂志一）。

傅玄造晉四廂樂歌三首：一曰天鑒，分四章，正旦大會行禮歌；二曰於赫，一章，上壽酒歌；三曰天命，分十三章，食舉東西廂歌。詞見於宋書樂志二，皆晉廷正旦大會之時所演奏。

⑴正旦大會行禮歌

正旦即元旦。按天子於元旦大饗接受羣臣朝賀之禮，起源極早。據傅玄元會賦曰：「考夏后之遺訓，綜殷周之典藝，採秦漢之舊儀，定元正之嘉會。」晉武帝世更定元會制，此則兼採衆代可知矣。按其儀晉書禮志下記之甚詳，樂志上亦略涉及，簡言之，則夜漏未盡七刻，百官齊集太極殿下（此見御覽五三八摯虞決疑要注），後各就其位；漏盡五刻，皇帝出升御坐，接受朝賀，先是藩王上殿拜賀，跪奉白璧於御坐前，下殿；然後爲太尉以下至金紫將軍上殿，中二千石以下至六百石於殿下，皆行禮拜賀，各奉璧皮帛羔雁雉等贄物，再拜賀。在殿上者置御坐前，下殿；殿下者以贄授受贄郎：此時東廂雅樂郎以次奏行禮歌。禮訖，皇帝罷入，百官皆坐。此謂「元旦晨賀」。傅玄作天鑒一首，言正旦大會行禮，兼頌君德，如「儀刑聖皇，萬邦惟則。」

⑵上壽酒歌

按晉元旦朝賀大會後，於晝漏上水六刻，蠻夷胡客，以次入坐。至晝漏上三刻，皇帝又出，接受羣臣上壽酒：王公、二千石上殿，千石、六百石停本位，王詣樽酌壽酒，授侍中，跪置御坐前，謁者跪奏：「藩王臣某等奉觴，上千萬歲壽。」時四廂樂作，百官拜飲。王還陛下。然後爲侍中、中書令、尚書令各於殿上上壽酒，太樂令奏登歌三終乃降。此爲晉上壽酒儀制，又謂之「晝會」（見晉書禮志下）。

傅玄作於赫一首，言元旦獻酒，上壽祝賀之意。

⑶食舉東西廂樂

按晉於上壽酒後，即行宴饗：先由司徒奉羹，大司農奉飯，侍郎奉案，進皇帝御坐前，後羣臣就席，太樂令奏食舉樂，百官亦受賜宴饗。食畢，又進舞樂衆伎。宴樂畢，皇帝罷退，鍾鼓作，羣臣再拜而出（見晉書禮志下）。食舉，爲皇帝進食時所演奏之樂曲。王制曰：「天子食，舉以樂。」傅玄作天命一首，用頌皇帝盛德，並言朝饗禮樂；大抵亦如漢鮑業所言「所以順天地，養神明，求福應也。」

晉四廂樂歌十七章

荀勗

按荀勗四廂樂歌，作於晉武帝泰始五年（請參閱上文傅玄晉四廂樂歌解題）。宋書樂志二曰：「晉荀勗造正旦大會行禮歌四篇：一曰於皇，當於赫；二曰明明，當巍巍；三曰邦國，當洋洋；四曰祖宗，當鹿鳴。正旦大會王公上壽酒歌一篇，曰踐元辰，當羽觴行。食舉樂東西廂歌十二篇：一曰煌煌，當鹿鳴；二曰賓之初筵，當於穆；三曰三后，當昭昭；四曰赫矣，當華華；五曰烈文，當朝宴；六曰猗歟，當盛德；七曰隆化，當綏萬邦；八曰振鷺，當朝朝；九曰翼翼，當順天；十曰既宴，當陟天庭；十一曰時邕，當參兩儀；十二曰嘉會。」按晉書樂志上曰：「荀勗云：『魏氏行禮、食舉，取周詩鹿鳴以爲樂章。』勗以鹿鳴燕嘉賓，無取於朝（指朝會），乃除（魏）鹿鳴舊歌，更作行禮詩四篇，先陳三朝（元旦）朝宗之義；又爲正旦大會王公上壽酒歌詩，並食舉樂歌詩，合十三篇。」據此可知荀勗所作晉四廂樂歌，係依魏曲更作；故宋書樂志二所述勗作所當之曲，如：於赫、巍巍、洋洋、鹿鳴、羽觴行、於穆、昭昭、華華、朝宴、盛德、綏萬邦、朝朝、順天、陟天庭、參天儀，當均爲魏時所用行禮、食舉之樂歌也。又晉書樂志言魏雅樂：「後又改三篇之行禮詩：第一曰於赫篇，詠（魏）武帝，聲節與古鹿鳴同。第二曰巍巍篇，詠（魏）文帝，用（左）延年所改騶虞聲。第三曰洋洋篇，詠（魏）明帝，用延年所改文王聲。第四曰日復，用鹿鳴（魏杜夔所傳周曲）。」古今樂錄曰：「魏明帝青龍二年又易古詩，名曰羽觴行，用爲上壽曲；鹿鳴以下十二曲，名食舉樂。」亦可證明荀勗所作當係從魏氏舊歌改作也。

(1)正旦大會行禮詩四章

荀勗作正旦大會行禮詩共四章，爲羣臣朝賀皇帝時所奏：(1)於皇一章，言元旦皇帝接見羣后，以及卿士。(2)明明一章，頌皇帝臨國，惠及荒遠。(3)邦國一章，頌帝德深遠，彝倫所序。(4)祖宗一章，頌皇帝能光祖德。

(2)王公上壽酒歌一章

荀勗作上壽酒歌僅一章，爲王公於殿上獻觴上皇帝壽時所奏。踐元辰一章詞曰：「我皇壽而隆，我皇茂而嵩。」亦含祝頌之意。

(3)食舉樂東西廂歌十二章

荀勗作食舉樂歌共十二章，於皇帝進食，大饗羣臣時所奏：(1)煌煌一章詞曰：「煌煌七曜，重明交暢。」

言天下太平，皇帝大饗嘉賓。日、月和金（太白）、木（歲）、水（辰）、火（熒惑）、土（塡）五星，謂之七曜；古以爲七曜與國運興衰相應。(2)賓之初筵一章，寫賓客剛剛上席之盛況。(3)三后一章詞曰：「昔我三后。」言晉宣、景、文三君，維持大業；今我武帝繼而發揚光大之，明照九畿，故天降福祿。后謂君。(4)赫矣一章詞曰：「赫矣太祖。」歌頌晉宣帝之創業垂統，始立晉國。晉稱司馬昭爲太祖文皇帝；然此處似用稱宣帝，蓋宣帝爲晉開國之君也；古亦有以「太祖」，稱肇封之祖或開國之君也。(5)烈文一章詞曰：「烈文伯考，時惟帝景。」歌頌晉景帝之夷險平亂，國以永寧。景帝爲晉武帝伯父，故稱「伯考」。(6)猗歟一章詞曰：「猗歟盛歟，先皇聖文。」歌頌晉文帝修己濟治，德博化隆。文帝爲晉武帝之父，故稱「先皇」。猗猶美。(7)隆化一章詞曰：「隆化洋洋。」先頌晉武代魏，光照八荒，叡哲欽明，可配堯舜；次言元旦嘉會，侯王祝賀，賓使觀光，貢賢納計，獻璧奉璋。晉制於宴會完畢，皇帝乃召各郡計吏，前受勑戒，謂之納計（見晉書禮志）。(8)振鷺一章詞曰：「振鷺于飛，鴻漸其翼。」振鷺，詩周頌篇名；詩序曰：「振鷺，言二王（夏、殷）之後（杞、宋），來助祭也。」振，飛貌。鷺，白鷺。漸，進也。後漢書蔡邕傳曰：「鴻漸盈階，振鷺充庭。」以振鷺、鴻漸，喻藩國諸侯來賓也；故詞曰：「君子來朝，言觀其極。」(9)翼翼一章詞曰：「翼翼大君，民之攸曁。」翼翼，嚴正貌。曁，與也。歌頌皇帝治國之美，德教如風，民化如卉。(10)既宴一章詞曰：「既宴既喜，翕是萬邦。」寫元會歡宴之情形，庭燎朗照，鼓鐘齊鳴，詠德歌功，人民化從。庭燎，大燭也。(11)時邕一章詞曰：「時邕斌斌，六合同塵。」時邕，同時雍。書堯典：「協和萬邦，黎民於變時雍。」孔傳：「時、是。雍、和也。言天下衆民變化於上，是以風俗大和。」塵，俗也。由聖君養黎民而致時雍詠起，而言晉宣帝之定荆、楚（指敗吳），平燕（指平遼東公孫淵亂）、秦（指平新城孟達亂）；晉文帝之勘庸蜀（指滅蜀），賓吳會（指遣使喻吳孫皓以平蜀之事；孫皓使臣來獻方物），而致四夷來朝，我皇撫之也。⑿嘉會一章詞曰：「愔愔嘉會。」愔愔，安和貌。由宴樂之歡豫，頌邦國之寧固。

晉四廂樂歌十六章　張　華

按張華晉四廂樂歌作於晉武帝泰始五年，計有王公上壽詩一章，食舉東西廂樂詩十一章，正旦大會行禮詩四章，分別於元旦大會上壽、宴饗、朝賀行禮時演奏之（請參閱上文傅玄晉四廂樂歌解題）。

⑴王公上壽詩一章

詞曰：「稱元慶，奉壽觴。」言祝頌意。

⑵食舉東西廂樂詩十一章

⑴詞曰：「明明在上。」言皇帝升坐，受羣臣慶賀，遠人朝見。⑵詞曰：「濟濟朝位。」言羣臣列位行禮，而賀皇帝享福嘉樂。⑶詞曰：「九賓在庭，臚讚既通。」賓謂擯相，今稱贊禮者，晉儀，元會時由大鴻臚、掌禮郎、太常、謁者、僕射，分掌宣旨、傳名、贊導、行禮等事；古時，此種掌禮者計有九人，故謂之九賓。臚，傳名。讚，贊禮。言公侯獻贄，隆禮動容，末結頌語。⑷詞曰：「朝享上。」言繁禮多儀，歌舞功德。⑸詞曰：「皇化洽。」言禎祥時見。⑹詞曰：「世資聖哲，三后在天。」頌

晉宣、景、文三帝之功烈，爲人民所謳吟歡戴。(7)詞曰：「泰始開元，龍升在位。」詠晉武帝受禪爲帝，不忘繼緒，而永配天命。泰始，爲晉武帝之年號。(8)詞曰：「聖明統世，篤皇仁。」頌帝仁政廣施，澤流無垠。(9)詞曰：「於皇時晉，奕世齊聖。」頌大晉天命所歸，德流俗移，朝多賢士，歌舞階庭，四夷賓服。(10)詞曰：「朝元日，賓王庭。」言當盛明之世，德馨風淳，游泳其中，國治俗美，人人崇禮樂，式儀刑。(11)詞曰：「慶元吉，宴三朝。」寫元旦宴會，樂舞歌詠，德音流播，萬國康寧。

(3)正旦大會行禮詩四章

(1)詞曰：「於赫皇祖。」頌晉宣帝創業應命。(2)詞曰：「烈烈景皇。」頌晉景帝定策立功，光紹前蹤。(3)詞曰：「允文烈考。」頌晉文帝德參天地，功比四時，開啓晉國，奠定帝基。(4)詞曰：「明明我后。」頌晉武帝受終正位，仁政日新。

晉四廂樂歌十六章

成公綏

成公綏晉四廂樂歌亦作於晉武帝泰始五年（請參閱上文傅玄晉四廂樂歌解題）。郭茂倩樂府詩集漏列作者姓名；此據宋書樂志二補。計有王公上壽酒所用樂歌一章，雅樂正旦大會行禮歌十五章，共十六章。

(1)王公上壽酒歌一章

詞曰：「上壽酒，樂未央。」亦祝頌詞。

其內容大抵與張華所造相類。

⑵正旦大會行禮歌十五章

⑴詞曰：「穆穆天子，光臨萬國。」言嘉會置酒，羣臣朝賀。⑵詞曰：「禮樂具，宴嘉賓。」言羣臣獻酒納贄之盛況；豐肴萬俎，旨酒千鍾；結以頌語。⑶詞曰：「樂哉，天下安寧。」言化行俗清，年豐世安，而頌皇帝聰明，羣臣盡忠。⑷詞曰：「嘉瑞出，靈應彰。」言當時有種種之祥瑞符應，而頌晉武帝之承天受命，宣、景、文三帝之創業立國。⑸詞曰：「泰始建元，鳳凰龍興。」言晉武帝於泰始元年奄有天下。⑹詞曰：「聖皇君四海。」歌晉武帝於泰始登基後，天下清平，人民和樂。⑺詞曰：「惟天降命，翼仁祐聖。」頌晉宣、景、文三皇總理大政，德垂後裔。⑻詞曰：「登崑崙，上曾城。」以游仙詩，頌順天治國，使天下惠康。⑼詞曰：「邁洪化，振靈威。」靈威，猶言神威。言諸侯懷服，蠻夷納貢，朝賀宮門，宴饗皇宮。⑽詞曰：「建五旗，羅鍾虡。」虡，懸鍾磬之木架，上飾猛獸。言朝會盛況，鍾磬樂作，旌旗飛揚，詠歌舞蹈，以樂聖主。⑾詞曰：「化蕩蕩，清風泄。」頌皇帝御下聖哲，名顯萬世。⑿詞曰：「皇皇顯祖，翼世佐時。」頌晉宣帝之輔佐魏室，開成帝基。宣帝爲晉武帝之祖父，故稱顯祖。⒀詞曰：「光光景皇，無競惟烈。」頌晉景帝之功業蓋世。⒁詞曰：「穆穆烈考，克明克儁。」頌晉文帝之功德，創業開國，垂慶後人。⒂詞曰：「明明聖帝，龍飛在天。」頌晉武帝明德通幽，受神福佑。

晉冬至初歲小會歌　張　華

五禮通考一四〇：「案冬至朝賀，於古無聞，至魏、晉始有之；據晉、宋禮志，則是因漢有十月享會，始移之冬至，而漢儀無之也。」按晉書禮志下曰：「漢以高帝十月定秦，且爲歲首；至武帝雖改用夏正（漢書武帝紀曰：「太初五年夏五月正歷，以正月爲歲首。」）然每月朔，朝；至於十月朔，猶常饗會，受賀及贄，百官上殿稱萬歲，舉觴，御食，奏食舉之樂，百官受賜宴饗，大作樂如元正之儀。魏晉則冬至日受方國及百僚稱賀。因小會，其儀亞於獻歲（歲首）之旦。」晉小會於東堂舉行（見御覽五三八摯虞決疑要注）。言冬至初歲小會，羣臣奉壽稱賀，而宴饗百僚，因而言「上隆其愛，下盡其心。」

晉宴會歌　　張　華

詞曰：「聽朝有暇，延命衆臣。」此爲天子宴羣臣所用之樂歌。極寫宴會之盛況，衆臣雲集，盡樂極宴，末戒以應歡酬合禮，無流荒亂。

晉中宮所歌　　張　華

詞曰：「皇、英垂帝典，大雅詠三妃。」頌古代后妃之美德：柔順謙敬，慈惠愛人，爲百世所敬仰。舊稱皇后爲中宮（見周禮天官內宰疏引漢舊儀）。晉書武帝紀：「泰始二年立皇后楊氏。」此首似爲立皇后時所奏者，故言應重壼訓，如「儀刑孚萬邦，內訓隆壼闈。」

晉宗親會歌

張華

宗親，原謂同母兄弟；又稱同宗親屬曰宗親。詞曰：「降禮崇親戚，旁施協族姻。」則晉武帝所宴爲同宗之親戚，不止限於同母兄弟。按晉書武帝紀：咸寧三年春正月景子朔詔，曰：「宗室戚屬，國之枝葉。」八月，諸王來朝，徙封者有扶風王亮、濮陽王允等十餘人。通典七一：晉武帝咸寧三年，濮陽諸王新拜，有司奏依故事，博士張放議應作樂，則宗親會歌，或爲此事而作。言晉武帝爲本枝同慶，禮宴同族，盡其酣娛，歡欣敦睦也。

三、鼓吹曲辭

魏鼓吹曲十二曲（卷十八）

繆襲

晉書樂志下曰：「漢時有短簫鐃歌之樂。其曲有朱鷺、思悲翁、艾如張、上之回、翁離、戰城南、巫山高、將進酒、君馬黃、上陵、有所思、雉子班、聖人出、上邪、臨高臺、遠如期、石留、務成、玄雲、黃爵行、釣竿等曲，列於鼓吹，多序戰陣之事。及魏受命，改其十二曲」：一曰楚之平，二曰戰滎陽，三曰獲呂布，四曰克官渡，五曰舊邦，六曰定武功，七曰屠柳城，八曰平南荊，九曰平關中，十曰應帝期，十一曰邕熙，十二曰太和，「使繆襲爲詞，述以功德，以代漢曲。」按此十二曲當作於魏太和元年，明帝即位之時，有關歌頌魏武帝曹操，魏文帝曹丕之功德，皆爲追述之作。

(1)楚之平

楚之平，古今樂錄作初之平，係擬漢朱鷺而成，言漢末大亂，曹操起兵平定天下之功德（見晉書樂志）。

(2)戰滎陽

按戰滎陽擬漢思悲翁，言漢初平元年山東諸侯討董卓，衆疑無計，獨曹操與卓部徐榮戰於滎陽也（見三國志魏志武帝紀）。

(3)獲呂布

按獲呂布擬漢艾如張，言曹操東圍臨淮，於漢建安三年十二月擒殺呂布（見三國志魏志武帝紀）。

(4)克官渡

按克官渡擬漢上之回，言建安五年曹操破袁紹於官渡（見三國志魏志武帝紀）。

(5)舊邦

按舊邦擬漢翁離，言曹操勝袁紹後，於漢建安七年正月軍譙，嘗下令爲陣亡將士絕無後者，立後祭祀（見三國志魏志武帝紀）。

(6)定武功

按定武功擬漢戰城南，言漢建安九年曹操擊袁尚，決漳水，破鄴城，武功奠定，始於此時也（見三國志魏志武帝紀）。

(7)屠柳城

按屠柳城擬漢巫山高，言漢建安十二年曹操越北塞，歷白檀，破三郡烏丸於柳城也（見三國志魏志武帝紀）。

⑻平　南　荆

按平南荆擬漢上陵，言漢建安十三年曹操南平荆州，劉琮投降（見三國志魏志武帝紀）。

⑼平　關　中

按平關中擬漢將進酒，言漢建安十六年曹操征馬超，定關中也（見三國志魏志武帝紀）。

⑽應　帝　期

按應帝期擬漢有所思，言漢延康元年十一月庚午魏文帝曹丕受漢獻帝禪讓，應運爲君也（見三國志魏志文帝紀）。

⑾邕　　熙

邕熙擬漢芳樹，言魏氏臨國，君臣邕穆，庶績和熙也（見晉書樂志下）。

⑿太　　和

按太和擬漢上邪，言魏太和元年，明帝登位，德澤流布也（見三國志魏志明帝紀及晉書樂志下）。

吳鼓吹曲十二曲（卷十八）　　韋　昭

晉書樂志下曰：吳亦使韋昭，改漢短簫鐃歌之樂，製鼓吹十二曲：一曰炎精缺，二曰漢之季，三曰攄武師，四曰伐烏林，五曰秋風，六曰克皖城，七曰關背德，八曰通荊門，九曰章洪德，十曰從歷數，十一曰承天命，十二曰玄化。宋書樂志一曰：「韋昭，孫休世上鼓吹鐃歌十二曲表，曰：當付樂官善歌者習歌。」然則此十二首鼓吹曲，當是作於吳景帝孫休永安中（二五八——二六三），約當魏高貴鄉公甘露三年至魏常道鄉公景元四年之間。用述吳武烈帝孫堅、吳大帝孫權之功業也。

⑴炎　精　缺

按炎精缺擬漢朱鷺，言漢室衰微，孫堅募兵振旅，於漢中平元年破張角，平潁、宛；三年覊邊章，降韓遂，爲長沙太守，綏靖南土，奠定東吳立國之基礎（見三國志吳書孫堅傳）。漢以火德王，漢衰故謂之「炎精缺」。

⑵漢　之　季

按漢之季擬漢思悲翁，言孫堅痛漢季世，董卓作亂，興兵奮擊，名聞海內也（見三國志吳書孫堅傳）。

⑶攄　武　師

按攄武師擬漢艾如張，言孫權繼父兄之業，於漢建安十三年擊斬黃祖（見三國志吳書孫權傳）。攄，布也、騰也。

⑷伐　烏　林

按伐烏林擬漢上之回，言漢建安十三年曹操既破荊州，順流來犯，賴孫權命周瑜、程普逆擊操於烏林而破走之也（見三國志吳書孫權傳）。

⑸秋　風

按秋風擬漢擁離，言秋風起時，寇賊犯邊，民皆慷慨辭親，思立功戰場也。古今樂錄曰：「秋風者，言孫權悅以使民，民忘其死也。」

⑹克　皖　城

按克皖城擬漢戰城南，言曹操志圖兼幷，令朱光爲廬江太守；孫權於漢建安十九年五月親征，閏月破光於皖城，獲男女數萬口（見三國志吳書孫權傳）。

⑺關　背　德

按關背德擬漢巫山高，言蜀將關羽背棄吳德，侵犯城邑；孫權於漢建安二十四年遂乘羽北伐魏襄陽之際，使呂蒙，襲公安，據江陵，十二月獲羽，遂定荊州（見三國志吳書孫權傳）。

⑻通　荊　門

通荊門擬漢上陵，言吳與蜀中因關羽事生隙，後終復初好也。按吳、蜀復交，在吳黃武元年（魏黃初三年，事見三國志吳書孫權傳）。

⑼章　洪　德

章洪德擬漢將進酒，言孫權章其大德，而遠方來附也（見古今樂錄）。

⑽從　曆　數

從曆數擬漢有所思，言孫權從圖籙之符而建大號也（見古今樂錄）。

⑾承　天　命

承天命擬漢芳樹，言孫權以聖德踐位，道化至盛也（見古今樂錄）。按三國志吳書孫權傳：「黃龍元年（魏太和三年夏四月，夏口、武昌並言黃龍鳳皇見，丙申即皇帝位。」故詞云：「龍金其鱗，烏赤其色。」

⑿玄　化

玄化擬漢上邪，言上修文訓武，則天而行，仁澤流洽，天下喜樂也（見古今樂錄）。

晉鼓吹曲二十二曲（卷十九）

傅　玄

晉武帝受魏禪後，乃令傅玄改漢之短簫鐃歌，製鼓吹曲二十二篇，用述晉諸帝之功德，以代魏曲：一曰靈之祥，二曰宣受命，三曰征遼東，四曰宣輔政，五曰時運多難，六曰景龍飛，七曰平玉衡，八曰文皇統百揆，九曰因時運，十曰惟庸蜀，十一曰天序，十二曰大晉承運期，十三曰金靈運，十四曰於穆我皇，十五曰仲春振旅，十六曰夏苗田，十七曰仲秋獮田，十八曰順天道，十九曰唐堯，二十曰玄雲，二十一曰伯益，二十二曰釣竿（見晉書樂志）。

⑴靈　之　祥

晉書樂志曰：「改漢朱鷺爲靈之祥，言宣帝（司馬懿）之佐魏，猶虞舜之事堯，既有石瑞之徵，又能用武以誅孟達之逆命也。」其詞曰：「靈之祥，石瑞章。旌金德，出西方。」按石瑞之徵，指魏明帝青龍三年十一月張掖柳谷口水湧寶石負圖，狀像靈龜，立於川西，長一丈六尺，高八尺，蒼質白章，上有麟鳳虎馬犧牛璜玦八卦列宿之象隆起，又有文字曰：「大討曹金……」三十五字，時稱魏之嘉瑞，詔書班行天下；一說金，晉之行也，言司馬氏當王天下也（見三國志魏志管寧傳、明帝紀注引魏氏春秋、漢晉春秋、宋書符瑞志）。孟達之叛，達原爲蜀將，降魏爲新城太守，於魏明帝太和元年十二月連吳通蜀，暗謀叛亂；二年正月司馬懿討斬之（見三國志魏志明帝紀及晉書宣帝紀）。

⑵宣　受　命

晉書樂志下曰：「改漢思悲翁爲宣受命，言宣帝（司馬懿）禦諸葛亮，養威重，運神兵，亮震怖而死。」按亮於魏青龍二年犯魏時病卒軍中（見晉書宣帝紀）。

⑶征　遼　東

晉書樂志下曰：「改漢艾如張爲征遼東」，言遼東太守公孫淵反，宣帝（司馬懿）於魏明帝景初二年陵大海之表，討滅之（見晉書宣帝紀及三國志魏志明帝紀）。

⑷宣　輔　政

晉書樂志下曰：「改漢上之回爲宣輔政，言宣帝（司馬懿）輔政，聖道深遠，撥亂反正，網羅文武之才，以定二儀之序也。」按司馬懿受魏明帝遺命輔佐少主魏齊王，在魏景初三年正月丁亥（見晉書宣帝紀）。

⑸時　運　多　難

晉書樂志下曰：「改漢擁離爲時運多難，言宣帝（司馬懿）致討吳方，有征無戰也。」按魏齊王正始二年五月，吳將全悰、諸葛瑾、朱然等犯界；六月司馬懿督諸軍南征，吳軍夜遁走，追斬萬餘人。故詞曰：「有征無戰，弭其圖。」

(6)景　龍　飛

晉書樂志下曰：「改漢戰城南爲景龍飛，言景帝（司馬師）賞順夷逆，隆無疆，崇洪基也。」

(7)平　玉　衡

晉書樂志下曰：「改漢巫山高爲平玉衡，言景帝（司馬師）一萬國之殊風，齊四海之乖心，禮賢養士，而纂洪業也。」玉衡，古王者測天象之器具；平玉衡，喻能明綜天機，穩定天下也。其詞曰：「禮賢養士，羈御英雄。」按似指司馬師陰養死士三千散於民間，後用於誅滅大將軍曹爽；又爲大將軍後，任用賢能，以諸葛誕、毌丘儉等都督四方，王基、鄧艾等典州郡，盧毓、李豐掌選舉，傅嘏、虞松參計謀，鍾會、夏侯玄、王肅、張緝等預朝議，四海傾注，纘光大業（見晉書景帝紀）。

(8)文皇統百揆

晉書樂志下曰：「改漢上陵爲文皇統百揆，言文帝（司馬昭）始統百揆，用人有序，以敷太平之化也。」按晉書文帝紀曰：「魏常道鄉公景元四年天子命晉公（司馬昭）以相國總百揆。」百揆即後所謂相國，總理百官也。

(9)因　時　運

晉書樂志下曰：「改漢將進酒爲因時運，言文帝（司馬昭）因時運變，聖謀潛施，解長蛇之交，離羣桀之黨，以武濟文，以邁其德也。」按魏高貴鄉公甘露二年五月諸葛誕作亂，勢窮向吳求救；吳使文欽、唐咨、全懌、全端等救誕；司馬昭縱反間，使誕、欽相疑，誕殺欽，又誘全懌兄弟來降，於是至三年二月誕亂遂平（見晉書文帝紀），故詞云：「因時運，聖策施，長蛇交解，羣桀離，勢窮奔吳，虎騎厲……。」長蛇交解，喩誕、欽、懌等相聯之形勢瓦解。桀通傑。

⑽惟　庸　蜀

晉書樂志下曰：「改漢有所思爲惟庸蜀，言文帝（司馬昭）平萬乘之蜀，封建萬國，復五等之爵也。」按蜀於魏常道鄉公景元四年十一月爲魏所滅（見晉書文帝紀）。

⑾天　序

晉書樂志下曰：「改漢芳樹爲天序，」言順五行之序，晉歷應受魏禪也。按魏咸熙二年十二月，常道鄉公知歷數有在，乃使太保鄭沖奉策欲讓君位於司馬炎曰：「祗受天序，以敬授爾位。」（見晉書武帝紀）。

⑿大晉承運期

晉書樂志下曰：「改漢上邪爲大晉承運期，言聖皇（指晉武帝司馬炎）應籙受圖，登陟帝位也。」按司馬炎係於魏咸熙二年十二月設壇受魏禪，即帝位，是爲晉武帝（見晉書武帝紀）。

⒀金　靈　運

晉書樂志下曰：「改漢君馬黃爲金靈運，言聖皇（司馬炎）踐祚，致敬宗廟，而孝道行於天下也。」金爲晉五行之德，金靈運，謂晉誕膺靈運，應天受命也。

⒁於穆我皇

晉書樂志下曰：「改漢雉子班爲於穆我皇，言聖皇（司馬炎）受命，德合神明也。」於穆，贊歎詞。

⒂仲春振旅

晉書樂志下曰：「改漢聖人出爲仲春振旅，言大晉申文武之教，畋獵以時也。」

⒃夏苗田

晉書樂志下曰：「改漢臨高臺爲夏苗田，言大晉畋狩順時，爲苗稼除害也。」夏獵爲苗（見爾雅釋天）。

⒄仲秋獮田

晉書樂志下曰：「改漢遠如期爲仲秋獮田，言大晉雖有文德，不廢武事，順天以殺伐也。」秋獵爲獮（見爾雅釋天）。

⒅順天道

晉書樂志下曰：「改漢石留爲順天道，言仲冬大閱，用武修文，大晉之德配天也。」

⒆唐堯

晉書樂志下曰：「改漢務成爲唐堯，言聖皇（司馬炎）陟帝位，德化光四表也。」按務成相傳爲唐堯師。

⑳玄　雲

晉書樂志下曰：「玄雲依漢曲舊名，言聖皇（司馬炎）用人，各盡其材也。」

㉑伯　益

晉書樂志下曰：「改漢黃爵行為伯益。」按伯益，舜臣，能知鳥語，佐舜調馴鳥獸，佐禹治水有功。故詞云：「伯益佐舜禹，職掌山與川。」蓋以此作起，言「赤烏銜書，有周以興；今聖皇受命，神雀來遊也。」聖皇指晉武帝。

㉒釣　竿

晉書樂志下曰：「釣竿依漢曲舊名。」按此蓋以呂望持竿垂釣事作起，言聖皇（晉武帝）德配堯舜，又有呂望之類賢臣為佐，以濟大功致太平也。

晉凱歌二首（卷十九）　張　華

凱歌，亦作愷歌、豈歌，原戰勝凱旋獻捷祖廟時所唱之軍歌。按古時王師克勝，獻捷祖廟，師還未至之時，預先教樂師（瞽矇）愷歌，師入祖廟，遂使樂師唱而導之（見周禮春官樂師愷歌疏）。後亦用於出征、勞軍之時，令軍中唱之。張華作晉凱歌有命將出征歌、勞還師歌二首。命將出征歌詞曰：「今在盛明世，寇虐動四垠，……元帥統方夏，出車撫涼秦。」勞還師歌曰：「鯨鯢皆撫首，北土永清夷。昔往昌隆暑，今來白雪霏。」按晉書武帝紀與扶風王駿傳：泰始七年北地胡寇金城，以車騎將軍賈充爲都督秦涼二州諸軍事。十年八月涼州虜又寇金城諸郡，鎭西大將軍汝陰王駿討斬其帥乞文泥等。咸寧初，羌虜樹機能等叛；二年夏五月汝陰王駿遣衆斬其渠帥吐敦；三年三月又命平虜護軍文俶督涼秦雍諸軍進破之，機能等乃遣所領二十部，及侯彈勃面縛軍門，各遣子入質，安定、北地、金城諸胡吉軻羅、侯金多及北虜熱冏等二十萬口又來降，秦涼遂平。其年駿入朝，徙封扶風王，給羽葆鼓吹。二歌之作，必因乎此。

四、相和歌辭

相和曲

古今樂錄曰：「張永元嘉技錄：『相和有十五曲：一曰氣出唱；二曰精列；三曰江南；四曰度關山；五曰東光；六曰十五；七曰薤露；八曰蒿里；九曰挽歌；十曰對酒；十一曰雞鳴；十二曰烏生；十三曰平陵東；十四曰東門；十五曰陌上桑。」

薤露（卷二十七）　張駿

擬古薤露歌。晉惠帝愚騃，舅氏太傅楊駿專權，賈后殺駿干政，使孫慮謀害太子遹於許昌，趙王倫（惠帝叔祖）爲太子報仇，廢殺后，未幾僭位，遷帝金墉城，帝諸弟不滿，討倫，引起八王之亂，自相殘殺，死數十萬人，胡狄遂乘虛入侵，匈奴劉曜相繼攻陷洛陽、長安兩京，擄懷、愍二帝，西晉遂亡

（事分見晉書惠、懷、愍三帝紀及愍懷太子遹傳。）按此篇即感憤西晉之大亂，而晝圖恢復，掃蕩胡狄也。當作於晉成帝咸和中。按咸和初，張駿嘗遣將討劉曜，八年又遣使假道于蜀，通表江東，並欲聯蜀李雄，出兵三秦，東清許洛，九年，晉拜駿爲大將軍都督陝西雍秦涼州諸軍事（見晉書張駿傳）。故此篇當作咸和間。其詞曰：「儲君綰新昌。」之「新昌」。應爲「許昌」之訛。

惟漢行　傅玄

曹植擬曹操之薤露爲惟漢行。按傅玄又擬曹植惟漢行用詠鴻門之宴，樊噲立功之事。沛公（劉邦）既定關中，使兵守函谷關。及項羽率兵至關，不得入，攻破之，進次鴻門，將擊沛公。羽季父項伯，善張良，夜馳告之。沛公請伯告羽，不敢背德。且日，沛公謝羽鴻門。羽留宴。范增潛使項莊舞劍，欲乘間擊殺沛公。項伯亦起舞，以身翼之。會樊噲帶劍擁盾，直入軍門。救護沛公。羽賜之巵酒豚肩，噲飲酒啗肉，並責羽欲誅有功之沛公，亡秦之續耳。沛公因此得脫身去。後世稱此會爲鴻門宴（見史記項羽本紀）

挽歌　繆襲

樂苑云：「挽歌，實始繆襲。」送終之喪歌也。按繆作蓋悲哀人生短促，終歸於死。挽亦作輓。舊亦有以爲「挽歌」出於漢武帝之時。如晉書禮志曰：「輓歌，出於漢武帝役人之勞，歌聲哀切，遂以爲送終之禮。」古今注曰：「薤露，蒿里，並喪歌也，出田橫門人，故有二章。至孝武時，李延年乃分二章爲二曲。薤露送公卿貴人，蒿里送士夫庶人，使挽柩者歌之，世亦呼『挽歌』。」挽，牽引也。又風俗通曰：「京師殯、婚嘉會，酒酣之後，續以挽歌。」則挽歌漢時於婚喪均可歌之，不止限於喪事也。挽歌專用於哀挽送終可能始於繆襲也。鍾嶸詩品曰：「熙伯挽歌，惟以造哀爾。」故後之續作者，亦皆用之於送喪矣。

挽歌三首　　陸機

擬古挽歌薤露，故詞曰：「中闈且勿讙，聽我薤露詩。」姜寅清以爲作於晉惠帝永寧元年（三〇一）趙王倫篡亂前後（陸平原年譜）。按首篇言送殯時親友之哀思也。次篇言安葬壙中，而代死者自言其感傷也。末篇言送殯至於靈丘上之淒涼情況也。顏之推曰：「挽歌辭者，或曰古者虞殯之歌，或曰出自田橫之客，皆爲生者悼往告哀之意。陸平原多爲死人自歎之言，詩格既無此例，又乖製作本意。」（顏氏家訓文章篇）按惟第二首爲代死者所作自歎之辭也。

挽歌三首　　陶潛

仿繆襲、陸機之挽歌。按陶潛卒於宋文帝元嘉四年（四二七）；此三首乃潛臨終前所製自挽之辭。邱嘉穗曰：「首篇乍死而殮，次篇奠而出殯，三篇送而葬之。」（東山草堂陶詩箋卷四）。

艷歌行（卷二十八）　傅玄

此詩擬漢陌上桑，又名艷歌羅敷行、日出東南隅，原漢世巷陌間之謠謳，謂羅敷採桑陌上，爲使君所邀，羅敷盛誇其夫爲侍中郎以拒之。（見吳兢樂府古題要解）。謝榛四溟詩話卷一曰：「傅玄艷歌行，全襲陌上桑。但曰：『天地正厥位，願君改其圖。』蓋欲辭嚴義正，以裨風教。」

日出東南隅行　陸機

按此擬漢陌上桑。然用寫晉京洛陽婦女之妖麗艷美，彈唱歌舞之盛也，與古詞不同。當作於陸機赴洛之後。按陸機於晉武帝太康十年（二八九）入洛（見晉書陸機傳及姜寅清陸平原年譜）。

吟歎曲

古今樂錄曰：「張永元嘉技錄有吟歎四曲：一曰大雅吟；二曰王明君；三曰楚妃歎；四曰王子喬。大雅吟、王明君、楚妃歎，並石崇辭；王子喬古辭。」

大雅吟（卷二十九）　石崇

大雅，詩有大雅、小雅。詩周南關雎序：「雅者、正也；言王政之所由廢興也。政有小大，故有小雅焉，有大雅焉。」大雅，似取名於此。按崇詞頌晉太祖昭輔魏，晉武帝滅吳之功德。故詞云：「蕩清吳會，六合乃同。」晉武帝滅吳，事在太康元年（二八〇）三月（見晉書武帝紀）。

王明君　石崇

此曲原名王昭君。按漢元帝竟寧元年（西元前三三）正月，匈奴呼韓邪單于入朝，自言「願婿漢氏以自親。」元帝以後宮良家子王嬙，字昭君，賜單于，號「寧胡閼氏」。呼韓邪單于卒，再嫁呼子雕陶莫皋單于，生二女（見漢書元帝紀及匈奴傳）。故崇詞曰：「父子見陵辱，對之慙且驚。」王昭君，秭歸（今湖北秭歸）人；琴操則「謂爲齊國王穰女，十七歲入宮。」唐書樂志曰：「明君，漢人憐其遠嫁（匈奴），爲作此歌。」按琴曲有昭君怨；琴操曰：「昭君恨帝始不見遇，乃作怨思之歌。」與此當非一曲。王明君，本名昭君。晉人以觸文帝昭之諱，故謂之明君。西京雜記卷二曰：「元帝後宮既多，不得常見，乃使畫工圖其形，案圖召幸。宮人皆賂畫工，多者十萬，少者亦不減五萬。昭君自恃容貌，獨不肯與，工人乃醜圖之，遂不得見。後匈奴入朝，求美人爲閼氏，於是帝按圖以昭君行。及去，召見，貌爲後宮第一，善應對，舉止閒雅；帝悔之，而名籍已定，方重信於外國，故不復更人，乃窮按其事。畫工有杜陵毛延壽，爲人形醜好老少，必得其眞；安陵陳敞、新豐劉白、龔寬，並工爲牛馬飛鳥衆藝，人形好醜，不逮延壽；下杜陽望、樊青，尤善布色：同日棄市。京師畫工，於是差稀。」西京雜記，雖爲小說家語，所記未必可信；然附錄於此，亦足以增添昭君和番故事之趣味性也。晉武帝太康中，石崇妓綠珠善舞，崇以此曲教之，而自製新歌辭（見古今樂錄等），以王昭君之口吻，抒述其遠嫁匈奴，離思哀情也。

楚妃歎　石崇

劉向列女傳曰：「楚姬，楚莊王夫人也。莊王好狩獵畢弋。樊姬諫不止，乃不食禽獸之肉。王嘗與虞丘子語，以爲賢。樊姬笑之。王曰：『何笑也？』對曰：『虞丘子賢矣，未忠也。妾充後宮十一年，而所進者九人，賢於妾者二人，與妾同列者七人。虞丘子相楚十年，而所薦者，非其子孫，則族昆弟，未聞進賢退不肖也。妾之笑不亦宜乎？』王於是以孫叔敖爲令尹，治楚三年，而莊王以覇。」按崇詞即詠樊姬光佐楚莊王之覇業也。結語曰：「萬邦作歌，身沒名飛。」又陸機吳趨行云：「楚妃且勿歎。」則楚妃歎諒係早已流行之古曲也；謝希逸琴論有楚妃歎七拍。

平調曲

古今樂錄曰：「王僧虔大明三年（四五九）宴樂技錄：『平調有七曲：一曰長歌行；二曰短歌行；三曰猛虎行；四曰君子行；五曰燕歌行；六曰從軍行；七曰鞠歌行。』其器有笙、笛、筑、瑟、琴、箏、琵琶七種，歌弦六部。」

長歌行（卷三十）

曹叡

擬古長歌行。按曹叡母甄后，魏文帝黃初二年（二二一）爲郭貴嬪譖害賜死。此首言其靜夜不寐，耳聽孤燕哀鳴，因而勾起對往事之悲憤也。陳祚明曰：「應感母氏之屛居，故愴深孤燕，不能自已。」

長歌行

傅玄

擬古長歌行。詞曰：「蜀賊阻石城，吳寇憑龍舟。」言吳、蜀未平，欲投軍效命也。按似作於玄參安東將軍軍事時。

長歌行

陸機

擬古長歌行。樂府解題曰：「古辭云：『青青園中葵，朝露待日晞。』言芳華不久，當努力爲樂，無至老大乃傷悲也。陸機詩：『逝矣經天日，悲哉帶地川。』亦言人運短促，（功名未立，）當乘閒長歌。與古辭合。」姜寅淸曰：「在太子舍人任前之作也。」（陸平原年譜）。按此說未足採信。蓋陸機於晉惠帝元康元年（二九一）始任太子洗馬；時三十一歲，正當盛年，故與詩所謂「容華夙夜零」不能切合；且洗馬職位甚低，亦算不得如何功名：此詩當係稍晚之作。

短歌行　曹叡

按古詩十九首曰：「思爲雙飛燕，銜泥巢君屋。」此詩即詠美翩翩春燕，銜泥繕巢也。朱嘉徵曰：「短歌行，歌『春燕』，王業初造也。」

短歌行　傅玄

擬短歌行，而詠棄婦之情。按此詩當係作於晉武帝泰始三年（二六七）前後。晉書傅玄傳曰：「帝初即位，廣納直言，開不諱之路。玄及散騎常侍皇甫陶共掌諫職，俄遷侍中。初玄進皇甫陶，及入而抵玄，以事與陶爭言諠譁，爲有司所奏，二人竟坐免官。泰始四年，以爲御史中丞。」按傅玄與皇甫陶二人於泰始二年九月，尚同供職爲散騎常侍（見晉書武帝紀）；則玄之免官，當在泰始三年前後。而侍中爲皇帝左右親信之臣，今因細故，而被免官，故玄以棄婦之情喻之，曰：「昔君視我，如掌中珠。何意一朝？棄之溝渠。」因係細故免官，故不久又復起用爲御史中丞。

短歌行　陸機

陸機短歌行曰：「置酒高堂，悲歌臨觴。」亦魏武帝「對酒當歌，人生幾何」之意。言人生無幾，當及時爲樂也。當爲陸機入洛後作品。

猛虎行　　陸機

擬古猛虎行，而述己情懷也。按當作於晉惠帝永寧元年（三〇一）秋。先是永康元年（三〇〇）三月，賈后廢殺太子遹。四月趙王倫爲太子復仇，廢賈后，誅賈謐。陸機舊爲太子洗馬，遂不計倫貪虐，而參與誅謐。正所謂「鋤惡不暇擇器」也。次年即永寧元年正月，趙王倫篡位。三月，齊王冏、成都王穎、河間王顒討滅倫。冏以機時爲中書侍郎，九錫及禪位文，遂誣出機手，因而下獄；幸得成都王救免之（見晉書陸機傳）。按機此詩當係被誣之後自悔昔事趙王倫之作也。故其前言「渴不飲盜泉水，熱不息惡木蔭」，中言「人生誠未易，曷云開此襟」，末言「眷我耿介懷，俯仰愧古今」。

君子行（卷三十二）　　陸機

文選李善注：「古君子行曰：『君子防未然，不處嫌疑間。』陸詩即本此兩句之義，敍人道之難，而歸於『君子防未然。』」姜寅清曰：「詩無宏深之旨，亦不見寄興之義，亦少壯時擬古之作也。」（陸平原年譜）。

燕歌行　　曹叡

朱嘉徵曰：「悲遊子也，似有闕文。」

燕歌行　陸機

此體起曹丕「秋風」「別日」二首，機此歌擬曹丕「秋風」一曲，依題製文，用言婦人思念丈夫久遊不歸之情。亦其少年時所作也。

從軍行　陸機

姜寅清曰：「言征人之苦，堆聚陳典，羌無故實，亦少年習作之存者也。」（陸平原年譜）。

鞠歌行（卷三十三）　陸機

鞠，即今皮球，中實以毛，蹴蹋而戲。劉向別錄：「蹴鞠，黃帝所造，或云起於戰國。」猶今之踢球。古今樂錄曰：「王僧虔技錄：平調又有鞠歌行。陸機鞠歌行序曰：『按漢宮閣有含章鞠室、靈芝鞠室；後漢馬防第宅卜臨道，連閣通池，鞠城彌於街路。鞠歌將謂此也。』又東阿王詩：『連騎擊壤』，或謂『蹵鞠』乎？三言七言。雖奇寶名器，不遇知己，終不見重；願逢知己，以託意焉。」蹵，蹋也。按機詞曰：「王陽登，貢公歡；罕生既沒國子歎。」均詠知己難得也。王吉字子陽。貢公指貢禹。罕指子皮。國子指子產。

清調曲

古今樂錄曰：「王僧虔技錄：『清調有六曲：一苦寒行；二豫章行；三董逃行；四相逢狹路間行；五塘上行；六秋胡行』。其器有笙、笛、篪、節、琴、瑟、箏、琵琶八種。晉、宋、齊止四器也。

苦寒行　曹叡

按爲魏明帝於青龍二年（二三四）七月東征孫權時作。寫過龍陂城（原名摩陂）故壘，追懷曹操之辭。操於漢獻帝建安二十四年冬駐軍龍陂，二十五年春還洛陽崩，綜其生平最後陳兵乃在龍陂；明帝重經其地，追懷乃祖，故有「徒悲我皇祖，不永享百齡」之歎（說取黃節魏明帝詩註）。

苦寒行　陸機

魏武帝有苦寒行：「北上太行山，艱哉何巍巍。」備言行役之苦，或謂「北上行」。按陸機此篇：「北遊幽朔城，涼野多險艱。」蓋因武帝辭而擬之也。姜寅清曰：「在洛見亂景而思南土之作也。」（陸平原年譜）。

豫章行苦相篇　傅玄

按傅玄苦相篇曰：「苦相身爲女。」言爲女性之痛苦，少時不爲家人所珍愛，長乃出嫁，盡力事人，然終以年衰見棄也。亦題作「豫章行」也。

豫章行　陸機

按此詩擬古豫章行，感傷兄弟別離，言壽短景馳，容華不久，祈行者珍重，時繼音問。詩曰：「川陸殊塗軌，懿親將遠尋。」懿親指兄弟至親（語出左傳僖公二十四年）。又云：「三荊歡同株，四鳥悲異林。」按古上留田行：「三荊同一根生。」孔子家語：「完山之鳥，生四子焉，羽翼既成，將分乎四海。」均喻同生兄弟。故此詩當爲陸機送別其弟陸雲時作。晉惠帝太安元年（三〇二），機四十二歲，成都王穎表雲爲清河（河北清河縣）內史；不知此篇是否即作於此時？而非如姜寅清陸平原年譜所謂純爲少年時擬古之作也。

董逃行歷九秋篇　傅玄

崔豹古今注曰：「董逃行，後漢游童所作也。」言董卓殘暴，然終歸滅亡。按傅玄有歷九秋篇十二章，則具敍夫婦別離之思也。

董逃行　陸機

陸機詩云：「和風習習薄林。」言節物芳美，應及時爲歡，無使時逝年衰，徒自長歎耳。詩又云：「世道多故萬端，憂慮紛錯交顏，老行及之長歎。」按晉自惠帝永康元年（三〇〇），機時年四十歲，三月，賈后殺太子遹；四月，趙王倫廢后，尋害之；未幾，諸王相繼起兵，彼此攻伐，時局不安之極。此詩諒當作於此時。

長安有狹斜行（卷三十五）

陸機

一名相逢狹路間行。樂府解題曰：「古詞文意，與『鷄鳴曲』同。陸機長安狹斜行詩云：『伊洛有歧路，歧路交朱輪。』則言世路險狹邪僻，正直之士無所措手足矣。」故詩云：「守一不足矜，歧路良可遵；規行無曠迹，矩步豈逮人？」又云：「欲鳴當及晨。」應爲陸機初入洛陽時所作也。

塘上行

陸機

塘上行古辭，舊云魏文帝甄皇后所造，歎因受郭貴嬪讒毀，被魏文帝所棄，猶冀不以新好而遺故愛焉。按陸機此詩云：「江蘺生幽渚」，亦言婦人自傷衰老，心懼讒毀，祈君垂顧暮景也；與古辭同，當爲擬古之作。然詩又云：「不惜微軀退，但懼蒼蠅前。」故亦有人謂此篇作於晉惠帝太安二年（三〇三），成都王穎以機爲後將軍河北大都督，討長沙王乂之際。蓋機以覊旅入宦，頓居群士之右，故爲穎左右所忌；時機固辭都督，不許。孫惠亦勸機讓都督於王粹；機曰：「將謂吾爲首鼠避賊，適所以速禍也。」

（見晉書陸機傳）。

秋胡行（卷三十六）

傅　玄

劉向列女傳曰：「魯秋胡納妻五日而宦於陳，五年乃歸。未至家，見路傍有美婦人採桑，悅之，下車謂曰：『力田不如逢豐年，力桑不如見國卿，今吾有金，願以與夫人。』婦曰：『採桑力作，以供衣食，奉二親，不願人之金。』秋胡歸至家，奉金遺母，使人呼其婦。婦至，乃嚮採桑者也。婦汙其行，去而東走，自投於河而死。」晉葛洪西京雜記亦記其事。樂府解題：「後人哀而賦之，爲秋胡行。」按傅玄秋胡行即爲此類之作品，就秋胡故事，鋪敍成篇。共二首，一曰秋胡行，爲四言體；一曰和班氏詩，爲五言體（此首收於玉臺新詠卷二，似追和班固詠史詩也。班詩今無考）。郭茂倩樂府詩集二首或題作「秋胡行」。

秋　胡　行

陸　機

按此但取「秋胡行」舊曲，抒其所感，而無涉於秋胡戲妻之本事也。章權曰：「蓋言命不易知，死生何惜？惟功名未立，斯可歎嗟耳。」（陸士衡詩註卷二）。

秋　胡　行　七　首

嵇　康

按嵇康作秋胡行共七篇：首篇富貴憂患多，言屋大人怨，貧賤易安。第二篇貴盛難爲工，言直言遭禍，變故難測。第三篇忠信可久安，言天道虧盈，強梁多災。第四篇酒色令人枯，言役神縱欲，無不早逝。第五篇遊心於玄默，言受政直諫，常不自得。第六篇思行遊八極，言欲與王喬，鍊形易色。第七篇徘徊於層城，言採藥受道，可以長生。其詩有如佛家之偈語，不過由此可見其遁世之人生觀，篤信神仙之思想。

瑟調曲

古今樂錄曰：「王僧虔技錄：『瑟調曲有善哉行、隴西行、折楊柳行、西門行、東門行、東西門行、卻東西門行、順東西門行、飲馬行、上留田行、新城安樂宮行、婦病行、孤生子行、放歌行、大牆上蒿行，野田黃爵行、釣竿行、臨高臺行、長安城西行、武舍之中行、雁門太守行、艷歌何嘗行、艷歌福鍾行、艷歌雙鴻行、煌煌京洛行、帝王所居行、門有車馬客行、牆上難用趨行、日重光行、蜀道難行、櫂歌行、有所思行、蒲坂行、採梨橘行、白楊行、胡無人行、青龍行、公無渡河行。』」其器有笙、笛、節、琴、瑟、箏、琵琶七種。晉、宋、齊止四器也。

善哉行二首

曹叡

擬古善哉行。曹叡步出夏門行曰：「善哉殊復善，弦歌樂我情。」然則善哉者，蓋歎美之辭也。曹叡善哉行二首，蓋詠東征孫權之事也。按三國志魏志明帝紀：「青龍二年五月，孫權入居巢湖口，向合肥新城，又遣將入淮、沔。七月，帝親御龍舟東征。權遁走。」「我徂我征」一首，即魏明帝於此一戰役凱旋時所作，寫東征孫權之壯盛兵威也。「赫赫大魏」一首，結語有「願君速捷早旋歸」，正如朱乾所言「乃是遣將之作」也。

隴西行（卷三十七） 陸機

一曰步出夏門行。章權曰：「此言事必有先見之兆，兆必有應，能求之於幾微形象之間，則賢才不難舉矣。」（陸士衡詩注卷二）。

步出夏門行 曹叡

一曰隴西行。曹叡詩喻小人害賢，親情日遠也。按叡母甄后於魏文帝黃初二年（二二一）爲郭貴嬪譖害賜死，且以見猜，久不得立爲太子；叡刺激甚深，悲憤不平，故有此諷諫之詩。朱嘉徵曰：「步出夏門行，諷諫也。骨肉見猜，哀感之音，淒然欲絕。當時母后被誅，封平原王，冢君之位，疑有動搖，故也。」詩云：「小人爭先」，「丹霞蔽日」，「日暮嗟歸」，「何枝可依？」皆感慨深寄之辭。

折楊柳行 陸機

折楊柳行，起源甚遠，古辭、魏文帝，均有作品流下，皆用以追述古事也。宋書五行志：「晉太康末，京洛爲折楊柳之歌，其曲始有兵革苦辛之詞，終以禽獲斬截之事。是時三楊貴盛而族滅，太后廢黜而幽死。」按晉惠帝元康元年（二九一）三月，賈后誅太傅楊駿，及駿弟衞將軍楊瑤、太子太保楊濟，廢楊太后爲庶人（見晉書惠帝紀）。機時爲楊駿之祭酒，故此詩之作，必緣當時之事而發，然亦只取毛詩「楊柳依依」之意，寄其盛衰興亡之感慨也。故詩云：「隆隆豈久響？華華恒西隤。」隆隆指雷聲，華華指日光。按一說此蓋有感於晉惠帝永寧元年（三〇一）正月，趙王倫篡位，遷帝於金墉城之事也。故詩云：「升龍悲絕處，葛藟變條枚。」升龍喻君，葛藟喻臣，條枚謂枝幹也。（說據章權陸士衡詩注卷一）。

東門行　　張駿

擬古東門行。選詩外編作「遊春詩」。按此詠春遊之可樂，而感流光逝水，休否有終也。

鴻雁生塞北行　　傅玄

曹操卻東西門行曰：「鴻雁出塞北，乃在無人鄉。」按傅玄擬之作鴻雁生塞北行，謂鳳凰出世，百鳥相攀，熙遊雲間；然而想想覺得還不如龍龜蟄伏，曳尾爛泥，非得良時，不輕出騰驤也；然而又覺應如秋蘭隨化，流芬萬里；然而又常恐時易芳歇，爲人所棄也。用寫其欲出仕用世之複雜心境。

順東西門行　陸機

西門行古辭云：「出西門，步念之。」言人生短暫，應秉燭夜遊，及時爲樂。按陸機順東西門行，爲三七言體，亦傷人生易逝，應置酒高堂，盡情取樂也。

飲馬長城窟行（卷三十八）　傅玄

一曰飲馬行。按玄詩擬古辭，寫春時感物、懷思遠人之閨情也。

飲馬長城窟行　陸機

按機此作堆砌長城邊塞之故事，模寫遠征陰山，憑雪巖，涉冰川，遵漢甘延壽、陳湯之舊迹，誅斬郅支單于，振旅凱旋，還京受爵也。羌無實事，當亦少年時代擬古之作也。

上留田行　陸機

擬古上留田行，爲感時悼逝之作。

放歌行　傅玄

歌錄曰：「孤子生行，亦曰放歌行。」按傅玄詩云：「靈龜有枯甲，神龍有腐鱗。」而言人壽短促，丘冢處處，野何蕭條，獸走鳥鳴，殆寫經野或上墳時之感傷也。

艷歌行有女篇（卷三十九）

傅　玄

按玄詩云：「有女懷芬芳。」極力寫其華艷英媛，宜配侯王，於是媒氏來聘，凡夫絕望也。亦艷歌羅敷行之類作品也。

門有車馬客行（卷四十）

陸　機

古今樂錄曰：「王僧虔技錄云：『門有車馬客行，歌東阿王「置酒」一篇。』」樂府解題曰：「曹植等門有車馬客行，皆言問訊其客，或得故舊鄉里，或駕自京師，備敘市朝遷謝，親友彫喪之意也。」陸機詩云：「拊膺攜客泣，掩淚敍溫涼，借問邦族間，惻愴論存亡，親友多零落，舊齒皆凋喪。」蓋機在洛陽久而聞故鄉消息之作也（姜寅清陸平原年譜）。按集中又有歎逝賦序曰：「余年方四十，而懿親戚屬，亡多存寡；暱交密友，亦不半在。」與此詩當爲一時之作也。

牆上難為趨

傅　玄

按傅玄詩云：「門有車馬客。」由客富主貧，暢論貧富，意謂貧者有德，聖人所重；富者無度，賢哲所非；然而世人迷於富貴，多不知此意；故詩云：「甚美致憔悴，不如豚豕肥。」而勸人循中庸之道而行也。

日重光行　　陸機

「日重光」與「月重輪」二曲，均產生於漢明帝爲太子時，蓋臣下頌其美德，光明如日，規輪如月也（見崔豹古今注等）。按陸機日重光行，言日華雖盛，倏忽過去，而惆悵高才莫展，壯志不售，身沒無遺名也。

月重輪行　　曹叡

曹叡月重輪行云：「聖賢度量，得爲道中。」按歌爲君之道。老子「從事於道者」王弼注：「道以無形無爲，成濟萬物；故從事於『道』者，以無爲爲君，不言爲教，而物得其眞，與道同體，行得則與得同體。」

月重輪行　　陸機

按陸機月重輪行云「人生一時。」而感念古人能揚名天下，身名完美，而自歎人才難得，嘉運又易失，轉瞬老去了，又如何見其才華也。

櫂歌行　曹叡

古今樂錄曰：「王僧虔技錄云：櫂歌行，歌魏明帝『王者布大化』一篇；或云『左延年』作。」按曹叡櫂歌行，作於魏文帝黃初三年（二二二），叡爲平原王時，歌頌魏文帝南征東吳之功勳，故詩中有「皇上悼愍斯，宿昔奮天怒」句。

櫂歌行　陸機

曹叡櫂歌行，言平吳之勳。按陸機此作，但言三月上巳，爲洗濯除穢，浮舟黃河，榜人鼓櫂而歌也。爲陸機入洛陽之後作品也。

白楊行　傅玄

按戰國策楚策：「夫驥之齒至矣，服鹽車而上太行，蹄伸膝折，尾湛胕潰，漉汁灑地，白汗交下，中阪遷延，負轅不能上；伯樂遭之，下車攀而哭之，解紵衣以冪之。」此喻高才大賢，不遇明主，老而屈處下位，身執賤役也。傅玄白楊行，即詠此事也。

楚調曲（卷四十一）

古今樂錄曰：「王僧虔技錄：『楚調曲，有白頭吟行、泰山吟行、梁甫吟行、東武琵琶吟行、怨詩行。』其器有笙、笛、弄節、琴、箏、琵琶、瑟七種。」

泰山吟　陸機

樂府解題曰：「泰山吟，言人死精魄歸於泰山，亦薤露、蒿里之類也。」按陸機泰山吟、梁甫吟、東武吟，似皆作於晉惠帝太安元年（三〇二）爲平原（山東平原縣）內史之時。蓋左思齊都賦注云：「東武、太山，皆齊之土風，弦歌嘔吟之曲名也。」

梁甫吟　陸機

梁甫，山名，在泰山下，舊言人死多葬此山，亦葬歌也。按陸機此詩隱晦難解。詩云：「履信多愆期，思順焉足據？」易繫辭：「天之所助者，順也；人之所助者，信也。履信思乎順，又以尚賢也。」詩似感慨人助多乖，天祐無據也。

東武吟行　陸機

東武，今山東諸城縣。東武吟，齊地之土風也。按由人生短暫，故機託爲游仙，求長生之作也。

怨詩行

梅陶

擬漢怨詩行。梅陶字叔眞，西平人，好品評人物，晉成帝初爲尙書。按此詩當爲其罷官居鄉時所作，寫其棲遲閒居之生活。

怨詩

陶潛

按在陶淵明集中作「怨詩楚調示龐主簿鄧治中」。怨詩楚調，即楚調曲怨詩行也。龐主簿，指司徒主簿龐遵，爲陶潛鄉親也。鄧治中，生平無考。潛此詩作於宋文帝元嘉三年（四二六）前後，歷敍生活困苦之情形。

怨歌行朝時篇（卷四十二）

傅玄

班婕妤怨詩行序曰：「漢成帝班婕妤失寵，求供養太后，於長信宮，乃作『怨詩』以自傷，託辭於紈扇。」按玄詩：「昭昭朝時日」，擬班作，亦詠棄婦之哀情也。

班婕妤（卷四十三）

陸機

一曰婕妤怨。漢書外戚傳曰：「孝成班婕妤初入宮大幸，爲婕妤，居增成舍。後趙飛燕姊弟得寵，驕妬而譖害許皇后、班婕妤，祝詛後宮，許皇后坐廢，拷問班婕妤。婕妤恐久見危，求供養太后長信宮，帝許焉。」樂府解題曰：「婕妤怨者，爲漢成帝班婕妤作也。婕妤，徐令彪之姑，況之女，美而能文，初爲帝所寵愛。後幸趙飛燕姊弟，冠於後宮，婕妤自知見薄，乃退居東宮，作賦及紈扇詩，以自傷悼。後人傷之，而爲『婕妤怨』也。」按陸機詩即詠班婕妤退居東宮後愁怨之情也。

五、清商曲辭

吳聲歌曲（卷四十四）

晉書樂志曰：「吳聲雜曲，並出江南，東晉已來，稍有增廣。其始皆徒歌，既而被之管絃。蓋自永嘉渡江之後，下及梁、陳，咸都建業；吳聲歌曲，起於此也。」古今樂錄曰：「吳聲歌，舊器有篪、箜篌、琵琶，今有笙、箏。吳聲十曲：一曰子夜；二曰上柱；三曰鳳將雛；四曰上聲；五曰歡聞；六曰歡聞變；七曰前溪；八曰阿子；九曰丁督護；十曰團扇郎。子夜四時歌、警歌、變歌，並十曲中間『游曲』也。又有七日夜女歌、長史變、黃鵠、碧玉、桃葉、長樂佳、歡好、懊惱、讀曲，亦皆吳聲歌曲也。」共二十二曲，除上柱與鳳將雛二曲，歌辭已亡，時代無考，讀曲歌爲宋彭城王義康所作以外，其餘十九曲均爲晉人所作。此外晉吳聲曲，樂府詩集所收，還有大子夜歌，黃生歌二種，連上總計有二十一種。

子夜歌四十二首（卷四十四）

晉宋齊辭

宋書樂志曰：「子夜歌者，有女子名子夜造此聲。晉孝武太元中，瑯琊王軻之家有鬼歌子夜；殷允爲豫章時，豫章僑人庾僧虔家亦有鬼歌子夜，殷允爲豫章亦是太元中：則子夜是此時（指太元中，西元三七六至三九六間）以前人也。」郭茂倩樂府詩集收有四十二首，爲東晉、宋、齊間南方民間之情歌，均用四句五言短小之形式，自然之音調，歌詠男女戀愛過程中之種種情態，或寫得戀之喜悅，或寫失戀之悲傷，或寫幽會之情狀，或寫相思之心境，或寫遲暮，或寫別離，無不美妙，清麗可喜。惟一缺點，爲千篇一律，似乎人生除戀愛之外，再無可歌可詠矣（說取劉大杰中國文學發展史第十一章南北朝與隋代的民歌）。

子夜四時歌七十五首

晉宋齊辭

子夜歌，大概在晉時已風行一時，擬者頗衆。樂府解題曰：「後人乃更爲四時行樂之詞，謂之子夜四時歌。」郭茂倩樂府詩集收有東晉、宋、齊之間無名氏所作子夜春歌二十首、夏歌二十首、秋歌十八首、冬歌十七首，共七十五首。劉大杰認爲「子夜四時歌在文字藝術上，比子夜歌進步，其中一定有許多是當代文人的擬作。」按分寫四時之景象，與男女之愛情。

大子夜歌二首（卷四十五）

大子夜歌，爲子夜曲之變也。按言子夜歌之美妙也。

子夜警歌二首

子夜警歌，亦子夜曲之變也。按言彈絃艷歌也。

子夜變歌三首

子夜變歌，爲子夜歌之變也。宋書樂志曰：「六變諸曲，皆因事制歌。」古今樂錄：「子夜變歌，前作『持子』送，後作『歡娛我』送。子夜警歌無送聲，仍作變，故呼爲『變頭』，謂六變之首也。」按言所歡負情，春盡秋至，使儂憂愁也。

上聲歌八首

晉宋梁辭

詩云：「郎作上聲曲，柱促使弦哀。」古今樂錄曰：「上聲歌者，此因上聲促柱得名。謂哀思之音，不及中和。」又因詩中有『初歌子夜曲』句，顯然作於晉孝武帝太元之後，或晉宋之間（見陸侃如、馮沅君中國詩史上册頁二二五），按亦寫男女之愛情，惟辭情較哀怨。

歡聞歌

古今樂錄曰：「歡聞歌者，晉穆帝升平初（三五七），歌畢輒呼『歡聞不？』以爲送聲，後因此爲曲名。今世用『莎持乙子』代之，語稍訛異也。」此言身如螢火，以報郎恩。

歡聞變歌六首

歡聞變歌，乃歡聞曲之變。古今樂錄曰：「歡聞變歌者，晉穆帝升平中，童子輩忽歌於道曰：『阿子聞！』曲終輒云：『阿子汝聞不？』無幾，而穆帝崩（三六一）。褚大后哭：『阿子汝聞不？』聲旣悽苦，因以名之。」按此均寫男女之愛情。如「張罾不得魚」，魚喻異性。「鍥臂飲清血」，鍥臂爲盟誓也。

前溪歌七首

宋書樂志曰：「前溪歌者，晉車騎將軍沈玩所制。」沈玩，晉書樂志作「沈充」，舊唐書音樂志作「沈琉」。充、琉字通，宋志作「玩」誤。沈充，晉書卷九十八有傳，爲吳興武康人，與王敦逆謀，事敗被殺。太平寰宇記曰：「湖州武康縣云：前溪，在縣西一百步，晉時邑人沈充家於此溪。」（說取汪中樂府詩紀頁一〇八）。庾信烏夜啼有「歌聲舞態異前溪。」郗昂樂府解題曰：「前溪，舞曲也。」

用寫女子思戀情郎之情。

阿子歌三首

宋書五行志曰：「晉穆帝升平中，童子忽歌於道曰：『阿子聞！』曲終輒云：『阿子汝聞不？』無幾而穆帝崩，太后哭曰：『阿子汝聞不？』」宋書樂志曰：「阿子歌者，亦因（晉穆帝）升平初（三五七）歌云：『阿子汝聞不？』後人演其聲為『阿子』『歡聞』二曲。」又樂苑曰：「嘉興人養鴨兒，鴨兒既死，因有此歌。」二說未知孰是，詩寫其哀念阿子或鴨子之情思。如第一首云：「阿子復阿子，念汝好顏容。」第三首云：「念我雙飛鳧，飢渴常不飽。」就是。

丁督護歌五首

劉　裕

一曰阿督護。宋書樂志曰：「督護歌者，彭城內史徐逵之，為魯軌所殺。宋高祖（劉裕）使府內直督護丁旿，收殮殯埋之。逵之妻，高祖長女也，呼旿至閣下，自問殮送之事，每問：輒歎息曰：『丁督護！』其聲哀切。後人因其聲，廣其曲焉。」按徐逵之於晉安帝義熙十一年（四一五）三月，為竟陵太守魯軌所殺（見宋書武帝紀）；則此詩當作於東晉末。而丁旿為劉裕帳下勇猛之士，故作歌頌美丁旿北征之功，並訴其別情也。唐書樂志曰：「丁督護，晉、宋間曲也；今歌是宋武帝所製云。」第五首云：「聞歡北征去，相送直瀆浦；只有淚可出，無復情可吐。」則類女子送別之口吻；似已摻入後人之詩句，宋書樂志之說，較爲妥善。

團扇郎八首

古今樂錄曰：「團扇郎歌者，晉中書令王珉捉白團扇，與嫂婢謝芳姿有愛，情好甚篤。嫂捶撻婢過苦，王東亭（似爲王珉別號）聞而止之。芳姿素善歌，嫂令歌一曲，當赦之，應聲歌曰：『白團扇，辛苦五流連，是郎眼所見。』珉聞，更問之：『汝歌何遺？』芳姿即改云：『白團扇，顦顇非昔容，羞與郎相見。』後人因而歌之。」按王珉卒於晉孝武帝太元十三年（三八八），年三十八（晉書王珉傳，及疑年錄彙編卷一）。樂府詩集所收八首：第一「七寶畫團扇」、第二「青青林中竹」、第八「團扇復團扇」等三首，玉臺新詠卷十題作「桃葉答王團扇歌。」又第七「手中白團扇」一首，玉臺爲梁武帝辭。皆以團扇爲題，而詠纏綿溫厚之情愛也。

七日夜女歌九首

此大概亦晉人所作，大都詠七月七夕牛郎織女之事，而寫怨慕之離情也。

長史變歌三首

宋書樂志曰：「長史變歌者，前司徒左長史王廞臨敗所制也。」按王廞起吳郡兵，伐王恭；恭遣劉牢之擊滅之，事在晉安帝隆安元年（三九七）五月（見晉書安帝紀及王恭、劉牢之傳）。詩共三首，朱桂芬芳，陵霜不改，言己清白忠烈也。

黃生曲三首

首句云：「黃生無誠信。」此歌似另有本事，惜今無從考知。詩言黃生無信，崔子誠信，猶如葳蕤石榴，青情松柏，汝將憐誰？

黃鵠曲四首

黃鵠，本漢橫吹曲名。列女傳曰：「魯陶嬰者，陶明之女也，少寡，養幼孤，無彊昆弟，紡績爲產。魯人或聞其義，將求焉。嬰乃作歌，明己之不更二庭也。其歌曰：『悲夫黃鵠之早寡兮七年不雙，宛頸獨宿兮不與衆同。夜半悲鳴兮想其故雄，天命早寡兮獨宿何傷？寡婦念此兮泣下數行，嗚呼哀哉兮死者不可忘！飛鳴尚然兮況於貞良，雖有賢雄兮終不重行！』魯人聞之，不敢復求。」則黃鵠曲原孀婦傷離之詩。此四首則詠半道失侶之悲傷，猶有古意。

碧玉歌五首

樂苑曰：「碧玉歌者，宋汝南王所作也。碧玉，汝南王妾名，以寵愛之甚，所以歌之。」陸侃如曰：

「宋書並無汝南王名。」按晉書卷五十九有汝南王傳。梁陳詩人多詠及碧玉嫁與汝南王。如梁元帝採蓮曲云：「碧玉小家女，來嫁汝南王。」庾信結客少年場亦云：「定知劉碧玉，偷嫁汝南王。」（李純勝漢魏南北朝樂府頁一〇〇）。可見碧玉嫁汝南王事曾盛傳民間。而玉臺新詠卷十錄晉孫綽作情人碧玉歌二首：「碧玉小家女」、「碧玉破瓜時」，即樂府詩集卷四十五所收五首中之第二、第四兩首；藝文類聚卷四三引「碧玉破瓜時」，亦作晉孫綽情人歌。孫綽於晉穆帝永和十二年（三五六）中，嘗反對桓溫遷都洛陽之議（見晉書穆帝紀及孫綽傳）。則碧玉歌當產生於東晉中葉；故吳旦生曰：「碧玉，晉汝南王妾名。」樂府詩集所收五首，除上述二首爲孫綽所作外；第五首「杏梁日始照」，爲梁武帝作，亦見玉臺新詠卷十。其餘兩首，不知是否即汝南王所作，而爲孫綽所擬者。五首均寫碧玉出嫁後之愛情生活。

桃葉歌四首

古今樂錄曰：「桃葉歌者，晉王子敬之所作也。桃葉，子敬妾名。」隋書五行志曰：「陳時，江南盛歌王獻之桃葉詞云：『桃葉復桃葉，渡江不用檝；但渡無所苦，我自迎接汝。』」王獻之，字子敬，羲之子，官至中書令，卒於晉孝武帝太元十三年（三八八），年四十五歲。歌共四首，或寫送桃葉之渡江，或寫桃葉之婀娜可愛。桃葉渡，在金陵秦淮河與青溪合流處；因王獻之嘗臨渡作歌送桃葉渡江，後人因名渡曰「桃葉渡」。又詩云：「桃葉連桃根。」桃根，爲桃葉妹名。

長樂佳八首

陸侃如以爲長樂佳與七日夜女歌、黃生曲、黃鵠曲、歡好曲五種，似亦晉、宋間曲。（見中國詩史頁二二五）。樂府詩集共收有八首，亦男女戀歌。

歡好曲三首

寫少女華艷，令人情傾。

懊儂歌十四首（卷四十六）

又作懊儂歌、懊惱歌。古今樂錄曰：「懊儂歌者，晉石崇綠珠所作，唯『絲布澀難縫』一曲而已；後皆隆安初（三九七）民間訛謠之曲。」宋書五行志曰：「晉安帝隆安中，民忽作懊惱歌，其曲中有『草生可攬結，女兒可攬抱』之言。桓玄既篡居天位；義旗以三月二日掃定京師，玄之宮女及逆黨之家子女妓妾，悉爲軍賞。東及甌、越，北流淮、泗，人皆有所獲焉。時則『草可結』，事則『女可抱』，信矣。」樂府詩集所收十四首，多用寫令人懊惱、拂人心意之情之事。

神弦歌（卷四十七）

神弦歌，大都爲三國孫吳以來，江南一帶民間之祀神歌也。陸侃如根據樂府詩集卷四十七王維祠漁山神女歌解題引張茂先神女賦序曰：「魏濟北從事弦超，嘉平中（二四九——二五三）夜夢神女來，自稱：『天上玉女，姓成公，字智瓊，東郡人，早失父母。天帝哀其孤苦，令得下嫁。』後三四日一來，即乘輜軿，衣羅綺。智瓊能隱其形，不能藏其聲，且芬香達于室宇，頗爲人知。」而以爲「神弦曲」，實起於魏嘉平中神女與弦超之戀愛傳說（見中國詩史頁二三〇）。宋書樂志：「何承天曰：『或云今之神弦，孫氏以爲宗廟登歌也。』」按何承天，爲晉、宋間人，晉亡之時，何年已五十一歲。今姑不論孫吳是否曾用神弦曲爲宗廟登歌？然由此可知在孫吳之時，江南已有「神弦曲」存在。且歌中青溪、白石、赤山湖諸地名，亦均在金陵附近，故汪中曰：「或孫吳時，江南已歌此曲，蓋民間祠神之樂，一如楚辭九歌。」（樂府詩紀頁一二三）。民間所祀神，多爲雜鬼淫祠，每用巫覡歌舞，以娛神靈也。古今樂錄曰：「神弦歌十一曲：一曰宿阿；二曰道君；三曰聖郎；四曰嬌女；五曰白石郎；六曰青溪小姑；七曰湖就姑；八曰姑恩；九曰採菱童；十曰明下童；十一曰同生。」

宿阿曲

言神靈來下。

道君曲

道教稱三清九宮中之仙官職位高者爲道君。如玉清三元宮，以元始天尊爲主，其左右位高者稱某某道君。道君曲僅三句，似爲殘篇。

聖郎曲

此殆祭神之曲。此處聖郎，不知指何神明？

嬌女詩二首

道教稱女神爲仙姑或仙女。此似迎神曲，詞甚優美。詩云：「遙望中菰菱，芙蓉發盛華。」又云：「蹀躞越橋上。」讀史方輿紀要卷二十：「太湖之中有菱湖，相傳春秋吳王種菱處，在蘇州西北。」又卷二十四：「越來溪，在蘇州府西南，上有越城橋。」嬌女詩所詠女神祠，或即在蘇州越城橋附近？

白石郎曲二首

干寶搜神記：「庾亮寢疾。術士戴洋曰：『昔蘇峻事，公於白石祠中祈福，許賽其牛，從來未解，故爲此鬼所考，不可救也。」按晉書庾亮傳：「亮時以二千人守白石壘；蘇峻步兵萬餘，四面來攻。」白石壘，在上元縣（今江蘇江寧縣）北十三里（見讀史方輿紀要卷二十）。汪中樂府詩紀云：「此或即祀白石祠神之曲」也。

青溪小姑曲

吳均續齊諧記曰：「會稽趙文韶，宋元嘉中，爲東扶侍，廨在青溪中橋，秋夜步月，悵然思歸，乃倚門唱烏飛曲。忽有青衣，年可十五六許，詣門曰：『女郎聞歌聲有悅人者，逐月遊戲，故遣相問。』文韶都不之疑，遂邀暫過。須臾，女郎至，年可十八九許，容色絕妙，謂文韶曰：『聞君善歌，能爲作一曲否？』文韶即爲歌『草生盤石下』，聲甚清美。女郎顧青衣，取箜篌鼓之，泠泠似楚曲。又令侍婢歌繁霜，自脫金簪，扣箜篌和之。婢乃歌曰：『歌繁霜，繁霜侵曉幕。何意空相守？坐待繁霜落。』留連宴寢，將且別去，以金簪遺文韶。文韶亦贈以銀盌及瑠璃乜。明日，於青溪廟中得之，乃知得所見青溪神女也。」按干寶搜神記曰：「廣陵蔣子文嘗爲秣陵尉，因擊賊傷而死；吳孫權時，封中都侯，立廟鍾山。異苑曰：『青溪小姑，蔣侯第三妹也。』」青溪，在江寧縣東六里，發源鍾山；溪中有埭，埭側有神祠，曰青溪姑（見讀史方輿紀要卷二十及輿地志）。輿地志：「青溪岸側有神祠，世謂青溪姑，南朝甚有靈驗。說者云：隋平陳，斬張麗華、孔貴妃於青溪栅下。今祠像有三婦人，乃青溪姑與二妃。」

湖就姑曲二首

詩云：「赤山湖就頭。」又云：「湖就赤山磯。」按「湖就」二字，疑爲「湖孰」之誤。六朝之湖孰縣，即今江蘇江寧縣東南之湖熟鎭。孰、熟字通。赤山湖，源出赤山（後名絳巖山），在湖孰東，上有龍坑祠壇。丹陽記：「句容赤山湖水，經故湖熟縣南，入於秦淮。」據此，湖就姑曲當作湖熟姑曲。湖熟姑曲，當爲祠湖熟赤山湖之女神也。故云「大姑大湖東，仲姑居湖西。」

姑恩曲二首

詠女神明姑之曲。明姑，無考。

採蓮童曲二首

道教稱年幼之神仙爲仙童。此歌泛舟採蓮也。

明下童曲二首

詩云：「陳孔驕赭白，陸郎乘班騅。」陳孔與陸郎，均不知指何人而言。歌言陳孔、陸郎，徘徊射堂也。

同生曲二首

當係酒闌倡罷，感傷歲月流逝之辭也。

六、舞曲歌辭

雅舞

晉正德大豫舞歌二首（卷五十二）　傅玄

宋書樂志曰：「晉武帝泰始九年（二七三）荀勗典知樂事，使郭瓊、宋識等造正德、大豫之舞，而勗及傅玄、張華又各造舞歌；咸寧元年（二七五），詔定祖宗之號，而廟樂同用正德、大豫舞。」按在咸寧元年以前，晉郊廟樂舞，係用宣武、宣文二舞。（請參閱下文傅玄晉宣武舞歌及宣文舞歌解題）。

(1)正德舞歌

按詞云：「穆穆聖皇，文武惟則。」頌晉武帝應命爲君。

(2)大豫舞歌

按詞云：「先帝弗違，虔奉天時。」頌晉文帝之功德。

晉正德大豫舞歌二首　荀勗

亦晉武帝泰始九年作。（請參閱前文傅玄晉正德、大豫舞歌解題）。

(1)正德舞歌

按詞云：「人文垂則，盛德有容。」言以歌聲舞容，宣其功德，教化萬民，流播四表也。

⑵大豫舞歌

按詞云：「豫順以動，大哉惟時。」頌宣、文奠基，晉武受命，品物咸寧，教化暢洽也。

晉正德大豫舞歌二首　張　華

亦晉武帝泰始九年作。

⑴正德舞歌

按頌天命大晉，世有哲王，光燭天下，樂舞表慶也。

⑵大豫舞歌

按詞云：「三后重暉。」又云：「我皇紹期。」三后謂晉宣帝、景帝、文帝。我皇謂晉武帝。頌晉自宣帝至於武帝，而奄有天下之功德也。

雜　舞

晉宣武舞歌四篇　傅　玄

晉書樂志曰：「魏（文帝）黃初三年（二二二），改漢（高帝）巴渝舞曰昭武舞；及晉又改昭武舞曰宣武舞。」按漢巴渝舞，有矛渝、弩渝、安臺、行辭四曲，舞皆猛銳（見晉書及宋書樂志）。

⑴惟聖皇篇　　　　　　　　　　　　　　　矛俞第一

按言晉初巴俞舞，而寫其始舞戈矛，「進退疾鷹鷂，龍戰而豹起」之情形，整齊劃一。

⑵短兵篇　　　　　　　　　　　　　　　　劍俞第二

按描寫舞劍，「疾踰飛電，回旋應規。」

⑶軍鎮篇　　　　　　　　　　　　　　　　弩俞第三

按描寫舞弩，變奇姿多，「退若激，進若飛。」

⑷窮武篇　　　　　　　　　　　　　　安臺行亂第四

按宣武舞歌，舞戈矛劍弩，原宣揚武象，讚頌天威；窮武篇云：「窮武者喪。」而言國家需要修文整武，始能光大，強調文武並重之重要。

晉宣文舞歌二篇　　　　　　　　　　　　傅　玄

按晉書樂志曰：「（魏明帝）景初元年（二三七），考覽三代遺曲，據功象德，作武始、咸熙、章斌三舞，皆執羽籥。及晉又改羽籥舞曰宣文舞。」至於舞者之服飾，宋書樂志記之甚詳，如：「祀圓丘以下：武始舞者，平冕、黑介幘、玄衣裳、白領袖、絳領袖中衣、絳合幅袴、絳袜、黑韋鞮；咸熙舞者，冠委貌，其餘服如前；章斌舞者，與武始、咸熙舞者同服。奏於朝廷：則武始舞者，武冠、赤介幘、生絳袍單衣、絳領袖、皂領袖中衣、虎文畫合幅袴、白布袜、黑韋鞮；咸熙舞者，進賢冠、黑介幘、生黃袍單衣、白合幅袴，其餘服如前；章斌與武始、咸熙同服。」

(1)羽籥舞歌

按羽謂翟羽，即雉尾也。籥，形如笛，竹製，三孔或六孔、七孔，長三尺。「左手執籥，右手秉翟」而舞，不用兵器，用象文德也。玄詩敍伏羲、神農，民稍安定；其後黃帝征伐，堯、舜匪寧，夏禹治水，湯、武用兵，誰能坐致太平？而歌頌晉武帝德化天下，眉壽無疆。

(2)羽鐸舞歌

鐸，大鈴。羽鐸舞，持羽與鐸而舞也。按玄詩言天地開闢，民樂聖君，頌大晉德參天地，陵越三皇五帝，普天同樂，萬邦咸寧也。

晉鼙鼓舞歌五首　傅玄

古今樂錄曰：「晉鼙鼓舞歌五篇：一曰洪業篇，當魏曲明明魏皇帝，古曲關東有賢女。二曰天命篇，當魏曲太和有聖帝，古曲章和二年中。三曰景皇篇，當魏曲魏曆長，古曲樂久長。四曰大晉篇，當魏曲天生烝民，古曲四方皇。五曰明君篇，當魏曲爲君既不易，古曲殿前生桂樹。按「明明魏皇帝」五篇，並魏明帝所造，以代漢曲，其辭並亡。（見古今樂錄）。

(1)洪業篇

按詞云：「宣文創洪業，盛德在泰始。」言晉武帝受禪爲君，萬國所樂，而頌帝聰明神聖，有賢臣爲佐，於是百事時敍，萬機有度，革新舊政，功業巍巍。

⑵天命篇

按詞云：「聖祖受天命，應期輔魏皇。」頌晉宣帝輔佐魏室，道隆舜之佐堯，西誅孟達，聲震蜀吳，拒諸葛亮，平公孫淵，內殛曹爽、王淩等亂。宣帝司馬懿，爲晉武帝祖父。

⑶景皇篇

按詞云：「景皇帝，聰明命世生。」頌晉景帝內誅中書令李豐、光祿大夫張緝、太常夏侯玄，外平鎭東大將軍毋丘儉、文欽等功業。

⑷大晉篇

按詞云：「赫赫大晉，於穆文皇。」頌晉文帝之文治武功，內舉賢臣，外滅西蜀也。

⑸明君篇

詞云：「明君御四海，聽鑒盡物情。」按此蓋就魏曲「爲君旣不易」推衍成，暢論明君與闇君，忠臣與邪臣。言明君能盡物情，使百官盡忠，故爲無不成；闇君則使直士受譖，邪臣奪權。忠臣遇明主，乾乾日新；遇暗主，斥退爲民；邪臣則委曲隨君，積僞欺主，然覺露則族滅矣。

鐸舞歌詩

唐書樂志曰：「鐸舞，漢曲也。」古今樂錄曰：「鐸，舞者所持也；木鐸制法度以號令天下，故取以爲名。」

雲門篇（卷五十四）　傅玄

古今樂錄曰：「古鐸舞曲有『聖人制禮樂』一篇；魏曲有『太和時』；晉曲有『雲門篇』，傅玄造，以當魏曲」也。玄詞云：「黃雲門。」雲門，黃帝舞樂也，言其德如雲，廣被一切也（周禮春官大司樂鄭注）。按此言自黃帝雲門後，如咸池、韶、夏、濩等曲，均振鐸鳴金，歌舞合度，樂可移風，與德禮相輔也。

晉拂舞歌詩五首

宋書樂志曰：「拂舞出自江左，舊云吳舞；檢其歌非吳詞也，亦陳於殿庭。晉曲五篇：一曰白鳩，二曰濟濟，三曰獨祿，四曰碣石，五曰淮南王。」按晉拂舞歌詩五篇中，碣石篇，爲曹操辭，晉以爲碣石舞。淮南王篇，漢淮南小山所作，蓋古辭而晉樂奏之也。此處不另作解題，請參閱拙作漢詩研究頁二〇二碣石篇與淮南王篇解題。

(1)白鳩篇

南齊書樂志曰：「白符鳩舞出江南，吳人所造。其歌本云：『平平白符，思我君惠，集我金堂。』言『白』者『金』行。符，合也；鳩，亦合也；符、鳩雖異，其義是同。」宋書樂志曰：「晉楊泓舞序云：『自到江南，見白符舞，或言白鳧鳩舞，云有此來數十年矣。察其辭旨，乃是吳人患孫皓虐政，思屬晉也。』」此辭云：「翩翩白鳩，載飛載鳴；懷我君德，來集君庭。」蓋晉人改其本歌云。按此篇每四句一解，共七解，讚美仁政也。言白鳩來集，雀呈仁端，蓋樂君惠政，利民而敬我，故我亦欲出仕，惟我心虛靜，但願琴瑟自娛，凌雲浮遊，扳龍附鳳也。

(2)濟濟篇

書大禹謨：「濟濟有衆。」濟濟，衆盛貌。按此詩共六解，有些地方，晦澀難明。似言思得賢臣也。由三五世變，追念高士綺里季、夏黃公，並言時近桑榆，當飲酒爲歡，然傷已衰老，內懷憂思，蓋淵廣魚（喻賢臣）稀，故願得黃浦，多網魚兒，爲民依歸，願恩澤感人，爲世無雙也。因未得賢臣，故又悲歌而無極也。黃浦，戰國楚春中君黃歇所濬，一說在江蘇上海附近，一說在浙江吳興縣西南。

(3)獨漉篇

按獨漉，又作獨鹿、獨祿。詞起云：「獨漉獨漉。」以篇首爲題名。南齊書樂志：「古辭明君曲後云：『勇安樂無慈，不問清與濁，清與無時濁，邪交與獨祿。』伎錄曰：『求祿求祿，清白不濁；清白尙可，貪汚殺我。』疑是風刺之辭。」又按此篇共六解，蓋言孝子欲爲父報仇也。第一解言出門報仇，不懼泥濁，但怕水深難行也。第二解言田畔見到雙雁，欲彎弓射之，但傷其中道孤散。第三解言我孤單無合，猶如浮萍也。第四解言夜衣錦繡之豪貴，誰能別其奸僞？第五解言刀鳴削中，不知所施；然父寃不報，活著何爲？第六解言欲報父仇，應如猛虎之齧人，不避豪貴也。

晉白紵舞歌三首（卷五十五）

宋書樂志曰：「白紵舞，按舞辭有『巾、袍』之言。紵，本吳地所出，宜是吳舞也。晉俳歌云：『皎皎白緒，節節爲變。』吳音呼『緒』爲『紵』，疑白緒即白紵也。」南齊書樂志曰：「白紵歌，周處風土記云：『吳黃龍中童謠云：「行白者君，追汝句驪馬。」後孫權征公孫淵，浮海乘舶；舶，白也。』今歌和聲，猶云『行白紵』焉。」共三首：按第一首盛寫在祭神、燕享時，美人著白紵舞衫，清歌徐舞，四座歡樂之情形。如寫舞姿之美妙曰：「輕軀徐起何洋洋，高舉兩手白鵠翔，宛若龍轉乍低昂。」如譽白紵之麗都曰：「質如輕雲色如銀，製以爲袍餘作巾，袍以光軀巾拂塵。」第二首言宜及芳時爲樂；故曰：「百年之命忽若傾，早知迅速秉燭行。」第三首仍寫清歌妙舞，而結以「明君御世永歌昌。」

晉杯槃舞歌詩（卷五十六）

唐書樂志曰：「漢有盤舞，晉謂之杯盤舞。」舞者接杯盤於手，而反覆舞之。宋書樂志一曰：「晉初有杯槃舞。按『杯槃』，今之『晉世寧』也。張衡舞賦云：『歷七槃而縱躡。』王粲七釋云：『七槃陳於廣庭。』顏延之云：『遞間關於槃扇。』鮑照云：『七槃起長袖。』皆以『七槃』爲舞也。搜神記云：『晉（武帝）太康中（二八〇——二八九），天下爲「晉世寧舞」，矜手以接杯槃而反覆之。』此則漢世唯有柈舞；而晉加之以杯反覆之也。」其詞云：「晉世寧。」按言晉世安寧，天下歡樂，樂舞杯槃，侑助酒興，結頌大家歲皆老壽。並寫舞杯舞盤云：「左回右轉不相失」，「四座歡樂皆言工」。

七、琴曲歌辭

思歸引（卷五十八）　石崇

一曰離拘操。琴操曰：「衞有賢女，邵王聞其賢，而請聘之，未至而王薨。太子曰：『吾聞齊桓公得衞姬而霸，今衞女賢，欲留之。』大夫曰：『不可。若賢必不我聽；若聽必不賢不可娶也。』太子遂留之。果不聽，拘於深宮，思歸不得，遂援琴而作歌，曲終，縊而死。」晉石崇思歸引序曰：「崇晚節更樂放逸，因覽樂篇，有思歸引古曲，有弦無歌，乃作樂辭，但思歸河陽別業，與琴操異也。」按石崇有別館曰金谷園，在河南洛陽西北。崇金谷詩序曰：「余有別廬，在河南界金谷澗中，有清泉茂樹，衆果竹柏藥物備具，又有水礁魚池土窟。」又按石崇曾二度爲外官，晉惠帝元康初（二九一），出爲南中郎將、荊州刺史；六年（二九六）出爲征虜將軍，假節監青徐諸軍事。故此詩當作於任荊州刺史，或監青徐諸軍事之時。詩言願如鴻鶴，飛歸河陽，過其遊樂之生活也。

宛轉歌二首（卷六十）　劉妙容

一曰神女宛轉歌。梁吳均續齊諧記曰：「晉有王敬伯者，會稽餘姚人，少好學，善鼓琴，年十八，仕於東宮爲衞佐，休假還鄉，過吳，維舟中渚，登亭望月，悵然有懷，乃倚琴歌泫露之詩。俄聞戶外有嗟賞聲，見一女子雅有容色，謂敬伯曰：『女郎悅君之琴，願共撫之。』敬伯許焉。旣而女郎至，姿質婉麗，綽有餘態，從以二少女，一則向先至者。女郎乃撫琴揮弦，調韻哀雅，類今之登歌，曰：『古所謂楚明君也，唯嵇叔夜能爲此聲，自茲已來，傳習數人而已。』復鼓琴，歌遲風之詞，因歎息久之。乃命大婢酌酒，小婢彈箜篌，作宛轉歌。女郎脫頭上金釵，扣琴弦而和之，意韻繁諧。歌凡八曲，敬伯唯憶二曲。將去，留錦臥具、繡香囊幷佩一雙，以遺敬伯。敬伯報以牙火籠、玉琴軫。女郎悵然不忍別，且曰：『深閨獨處，十有六年矣，邂逅旅館，盡平生之志；蓋冥契，非人事也。』言竟便去。敬伯船至虎牢戍。吳令劉惠明者，有愛女早世，舟中亡臥具，於敬伯船獲焉。敬伯具以告，果於帳中得火籠、琴軫。女郎名妙容，字雅華；大婢名春條，年二十許；小婢名桃枝，年十五；皆善彈箜篌及宛轉歌，相繼俱卒。」按二篇皆抒淒傷之情愫也。

琴歌二首　趙整

前秦錄曰：「苻堅末年好色，寵幸鮮卑，怠於爲政，趙整援琴作歌二章以諷。」趙整字文業，一名正，仕苻秦，官至武威太守，後出家，更名道整。第一首云：「昔聞孟津河。」按以孟津河喻苻堅，言此水本清，誰使其濁？苻堅於晉廢帝太和五年（三七〇）滅燕後，即寵幸燕清河公主及其弟慕容沖；慕容燕屬鮮卑族。第二首云：「北園有棗樹。」以棗樹自喻，謂雖諫多棘刺，實內含赤心也。

琴歌　趙整

晉書苻堅載記曰：「苻堅分氐戶於諸鎭。趙整因侍，援琴而歌云云。堅笑而不納，及敗於姚萇，果如整言。」

八、雜曲歌辭

秦女休行（卷六十一）　左延年

此詩大略言秦女休爲燕王婦，爲宗報讎，殺人都市中，走避上山，爲官吏所捕，被判死罪，然終得赦免也。按曹植鼙舞歌精微篇曰：「女休逢赦書，白刃幾在頸。」植作鼙舞歌，係據漢章帝作舊曲改寫；精微篇歌詠古代賢女之故事；故左延年作秦女休行，當亦取材漢人流傳下之故事也。按左延年爲魏文帝、明帝時有名之音樂家，能譜曲作詞，官至中郎將。（見三國志杜夔傳）

秦女休行　傅玄

郭茂倩曰：「傅玄詞云：『龐氏有烈婦。』亦云殺人報怨，以烈義稱，與古辭義同而事異。」龐氏一本作秦氏。按當亦根據「秦女休爲宗報仇之傳說」而寫成，更加繁衍，言父母家有仇人暴且強，而烈女刺之列肆旁，血濺飛梁，然後自首伏罪，而縣長不忍聽之，爲解印綬去，遂傳爲希代罕有之義烈事也。

駕言出北闕行　陸機

按此篇由駕出北闕，見墳墓相承，而感慨人生短促，無論仁智愚不肖，亦皆有死，服食成仙之說，亦不可信，惟有美服飲酒，可得暫時之歡而已。與古詩十九首中「驅車上東門」一首，辭意正同，似爲擬作，

君子有所思行　陸機

陸機詞云：「命駕登北山。」見城邑之繁盛，「而言雕室麗色，不足爲久歡，宴安酖毒滿盈，所宜儆忌，與君子行異也。」當係陸機入洛後作品，

悲哉行（卷六十二）　陸機

歌錄曰：「悲哉行，魏明帝造。」陸機詞云：「遊客芳春林。」言春遊感物而思鄉也。當爲入洛之後作。

胡姬年十五（卷六十三）　劉琨

按辛延年羽林郎云：「胡姬年十五，春日獨當壚。」劉琨此篇出於此，寫胡姬美貌如花，蓋因年輕也。

美女篇　傅玄

按李延年佳人歌云：「一顧傾人城，再顧傾人國。」此篇擬李之作，亦言美女亂國。

雲中白子高行　傅玄

按列仙傳曰：「子明於旋溪釣得白龍放之；後白龍來迎子明，止陵陽山百餘年，遂得仙也。」傅玄詩言陵陽子駕龍螭，遨遊天地，與神仙爲伍，雖心思故鄕，然能與天地並壽，夫復何爲？亦曹植升天行之類游仙詩也。

秋蘭篇（卷六十四）　傅玄

郭茂倩曰：「秋蘭，本出於楚辭。離騷云：『秋蘭兮蘼蕪，羅生兮堂下，綠葉兮素華，芳菲菲兮襲予。』蘭，香草也；言芳香菲菲，上及於我也。傅玄秋蘭篇云：『秋蘭蔭玉池，池水且芳香。』其旨言婦人之託君子，猶秋蘭之蔭玉池。與楚辭同意。」

飛塵篇　傅玄

按傅玄詩云：「飛塵穢清流，朝雲蔽日光。」喻奸邪讒賢亂政，而獨木難支也。

西長安行　傅玄

通典曰：「漢高祖自櫟陽徙都長安，至惠帝方發人徒築城，即長安西北古城是也。」按傅玄詞云：「所思兮何在？乃在西長安。」因敍別離遠，君有異心，想與君決絕，香燒環沈，然亦不能自已，蓋思君之情，日深一日，如「環沈日自深」也。

齊謳行　陸機

齊謳行，漢曲也；漢書禮樂志有「齊謳員六人」。齊謳，謂齊聲而歌，或謂齊地之歌。按晏子春秋：「齊景公遊牛首山，北臨其國，流涕曰：『若何去此而死乎？』晏子笑曰：『使賢者常守，則太公、桓公有之；使勇者常守，則莊公有之。吾君安能得此？』」陸機齊謳行，備敍齊地地廣形勝，物博人傑，而詠齊景公牛山之歎，欲營長生不死，此種想法之妄也。故詞云：「天道有迭代，人道無久盈。」亦懷古之作。大概爲機於晉惠帝太安元年（三〇二）出任平原（山東平原）內史之時所作也。

明月篇（卷六十五）　傅玄

藝文類聚作「怨詩」，一作「朗月篇」。按傅玄詞云：「皎皎明月光，」言當青春貌美，得夫歡好時，而懼年去色衰，恐新間舊之意。

前有一罇酒行　傅玄

按玄詞云：「置酒結此會。」言酒宴歌舞，賓主歡樂也。

前緩聲歌　陸機

郭茂倩曰：「陸機前緩聲歌曰：『游仙聚靈族，高會曾城阿。』言將前慕仙游，冀命長緩，故流聲於歌曲也。按緩聲，本謂歌聲之緩，非言命也。又有緩歌行，亦出於此。」

輕薄篇（卷六十七）　張華

按張華詩云：「末世多輕薄。」言時人喜尙浮華，麗服文軒，生活豪奢，常奔競權貴之門，徵逐玩樂之事，然終日酣飮之後，不禁樂極生悲，而感傷人生若寄，歲月蹉跎也。與曹植箜篌行，意稍相近。

遊俠篇　張華

漢書遊俠傳曰：「戰國時，列國公子：魏有信陵，趙有平原，齊有孟嘗，楚有春申，皆藉王公之勢，競爲遊俠，以取重諸侯，顯名天下；故後世稱遊俠者，以四豪爲首焉。漢興有魯人朱家及劇孟、郭解之徒，馳騖於閭里，皆以俠聞。其後，長安街閭，各有豪俠，時萬章在城西柳市，號曰『城西萬章』；酒市有趙君都、賈子光，皆長安名豪，報仇怨、養刺客者也。」魏志曰：「楊阿若，後名豐，子伯陽，少遊俠，常以報仇解怨爲事，故時人爲之號曰：『東市相斫楊阿若，西市相斫楊阿若。』」後世遂有遊俠曲。按張華詩云：「翩翩四公子，濁世稱賢明。」即詠戰國孟嘗（田文）、信陵（無忌）、平原（趙勝）、春申（黃歇）四公子尚俠之事。

博陵王宮俠曲二首　張　華

博陵王宮，今無考。博陵，在今河北省，爲古趙地，多遊俠慷慨之士。按此亦詠遊俠也，第一首「俠客樂幽險，築室窮山陰。」言俠客棲隱荒山，出沒林穴，以打獵猛獸爲生，寫其身在法外之縱逸。第二首「雄兒任氣俠，聲蓋少年場。」言爲友報仇，殺人租市，身快如電，一決死生，身沒不悔，俠骨流香，寫其行義任俠之武勇。大概在張華任安北將軍持節都督幽州諸軍事時所作。

遊　獵　篇　張　華

按張華詩備敍歲暮遊獵野饗之盛況，而感人生如寄，以老子言，即「馳騁田獵，令人心發狂」，戒己「檢跡清軌」。

壯士篇　　張華

燕荊軻歌曰：「風蕭蕭兮易水寒，壯士一去兮不復還。」漢高祖大風歌曰：「安得壯士兮守四方。」壯一作猛。壯士篇蓋出於此二詩。按張華此篇，取意漢高祖歌，言「年時俛仰過，功名宜速崇。」欲奮威邊荒，馳騁大漠，成爲英雄人物也。當亦爲張華任安北將軍，持節都督幽州諸軍事時所作。

千里思（卷六十九）　　祖叔辨

千里思，與長相思相類，皆致相思綿綿之意。祖叔辨，魏人，事蹟無考。按詩似言出使異邦之悲傷，故以細君、王嬙、蘇武之事爲喻。

昔思君　　傅玄

按此爲九言騷體，言昔君與我相聚，今君與我相離之悲情。

飲酒樂（卷七十四）　　陸機

樂苑曰：「飲酒樂，商調曲也。」按即詠飲酒之樂也。

飲酒樂　無名氏

按言人生無幾，應盡情飲酒享樂也。

大道曲（卷七十五）　謝尚

樂府廣題曰：「謝尚爲鎭西將軍，嘗著紫羅襦，據胡牀，在市中佛國門樓上，彈琵琶，作大道曲。市人不知是三公也。」按謝尚於晉穆帝永和十一年（三五五），爲鎭西將軍鎭馬頭（見晉書穆帝紀）。

何當行（卷七十六）　傅玄

言朋友結交之義，貴在同心，而感慨今無管仲、鮑叔牙也。

合歡詩五首　楊方

樂府解題曰：「合歡詩，晉楊方所作也。」楊方，字公回，晉會稽人，王導辟爲掾，遷司徒參軍，官至高粱太守。按第一首與第二首「言婦人謂『虎嘯風起，龍躍雲浮』，『磁石引針，陽燧取火』，皆以同聲相應，同氣相求，我與君情，亦猶形影宮商之不離也。常願食共並根穗，飲共連理杯，衣共雙絲絹，寢共無縫裯，坐必接膝，行必携手，如鳥同翼，如魚比目，情斷金石，密踰膠漆也」，而願永不言別也。第三首則言己獨坐空室，久待佳人，而佳人不來也。第四首言乘車涉澗過山，路途曲險，一路所見景色，極其美艷，而心悼爲客之悲。第五首言「南鄰有奇樹，承春挺素華」，而心羨此木，願徙於家，朝夕遊賞，旋歎移之無期也。均託喻言情之作，詞極頑艷。

樂　府　　　　　　曹　叡

按此詩言與君新婚，以爲終身有託；又懼君意轉移，終不能自全，而今感君厚愛，如同丘山，妾固拳拳於心，此情唯天日知之，想君當亦如是也，寫一女子對丈夫之深情也。前人以爲當作於魏文帝黃初初年，其母甄后被廢之時。故朱乾曰：「當是擬甄后塘上行之作，意主昭雪母冤，感悟君父也。」

九、雜歌謠辭

歌　辭

吳楚歌（卷八十三）　　　　傅　玄

一曰：燕美人歌。按屈原思美人：「思美人兮，擥涕而竚眙；媒絕路阻兮，言不可結而詒。」詒，傳也。屈原謂己思懷王，然忠言難達君前也。傅玄此歌當爲擬此之作，以燕趙多佳人爲起，而言心思美人，欲乘雲車風馬，前往相會，然「雲無期兮風有止」，思情亦難以傳達也。故云：「思心多端誰能理？」蓋亦有所託諷也。

扶風歌（卷八十四）

劉琨

按劉琨扶風歌當係作於晉懷帝永嘉元年（三〇七）九月，由洛陽赴幷州任刺史之途中。晉書劉琨傳曰：「永嘉元年，琨爲幷州刺史，加振威將軍，領匈奴中郎將（讀史舉正以爲應在前一年，即晉惠帝光熙元年）於路上表曰：『九月末得發，道嶮山峻，胡寇塞路，輒以少擊衆，冒險而進，頓伏艱危，辛苦備嘗，即日達壺口關。臣自涉州疆，目覩困乏。惟有壺關，可得告糴」詳觀扶風歌，寫朝辭洛陽，夕至丹水，路上烈烈風悲，備嘗危困，去家日遠，資糧乏盡之情境，正與琨傳所言相合。其詞曰：「朝發廣莫門，夕宿丹水山。」廣莫門，爲魏晉時洛陽北城靠東之一門，漢舊名穀門。丹水，在山西高都縣東南丹谷（見水經注），南距洛陽約二百八十里左右（見讀史方輿卷四十三澤州條），騎馬而行，不需一日，爲北上壺口關中途，往幷州（晉治晉陽，今山西太原）必經之通道。其詞又曰：「惟昔李（陵）騫期，寄在匈奴庭」，當與劉琨兼領「匈奴中郎將」事有關；先匈奴左賢王劉元海已反於離石，自號大單于，進犯幷州一帶；琨因有所感，兼詠及之。按劉琨表又曰：「臣伏思此州（幷州），雖云邊朔，實邇皇畿。」而扶風爲漢京畿三輔要地之一；故歌名扶風，或亦取義於此也。

滎陽令歌（卷八十五）

晉滎陽民歌

殷氏世傳曰：「殷褒爲滎陽令，廣築學館，會集朋徒，民知禮讓，乃歌之云。」按殷褒，晉人（見中國人名大辭典）。

徐聖通歌

晉汝陰民歌

會稽典錄曰：「徐弘字聖通，爲汝陰令，誅鉏姦桀，道不拾遺，民乃歌之。」按徐弘，藝文列晉人中。

王世容歌

吳錄曰：「王鐔字世容，爲武城令，民服德化，宿惡奔迸，父老歌之。」

歌

司馬懿

樂府詩集作晉高祖歌，後人又題作讌飲歌。晉陽秋曰：「高祖伐公孫淵，過故鄉，賜牛酒穀帛，會父老故舊飲讌，悵然有感，作歌云。」按司馬懿爲河內溫縣人；其奉詔伐遼東太守公孫淵，過溫作歌，事在魏明帝景初二年（二三九）（見晉書宣帝紀）。讀史方輿紀要四九曰：「虢公臺在溫縣西南，俗名賀酒臺；司馬懿過故邑，集父老宴賀於此，因名。」

徐州歌

魏文帝時

晉書王祥傳曰：「王祥，漢末遭亂，扶母攜弟，避地廬江，隱居三十餘年，不應州郡之命。徐州刺史呂虔邀爲別駕。祥乃應召。虔委以州事。于時寇盜充斥；祥率勵兵士，頻討破之，州界清靜，政化大行，時人歌之。」按王祥爲徐州別駕，當在魏文帝、明帝之時。廿二史考異二十一曰：「按魏志呂虔爲徐州刺史，在魏文帝時。」

束晳歌

晉武帝時陽平民歌

晉書束晳傳曰：「束晳，陽平元城人。太康中，郡界大旱。晳爲邑人請雨，三日而雨注。衆謂晳誠感，而爲作歌。」

豫州歌

晉元帝時

晉書祖逖傳曰：「元帝以祖逖爲奮威將軍豫州刺史。逖渡江擊楫，鎭雍丘，愛人下士，雖疏交賤隸，皆恩禮遇之，由是黃河以南，盡爲晉土。逖躬自儉約，勸督農桑，克己務施，不蓄資產，又收葬枯骨，爲之祭醊；百姓感悅。嘗置酒大會耆老，中坐流涕曰：『吾等老矣，更得父母，死將何恨？』乃作此歌。其得人心如此。」

應詹歌

西晉末荊州三郡民歌

晉書應詹傳曰：「王澄爲荆州牧，假詹督南平、天門、武陵三郡軍事。天門、武陵，谿蠻並反；詹討降之，召蠻酋與盟；由是懷詹，數郡無虞。其後天下大亂，詹境獨全，百姓歌之。」應詹，璩之孫也。

吳人歌

晉元帝時吳郡民歌

晉書鄧攸傳曰：「元帝以鄧攸爲吳郡守。攸載米之官，俸祿無所受，唯飮吳水而已。刑政清明，百姓歡悅，後稱疾去職，百姓數千人留牽攸，船不得進。攸乃小停，夜中發去。吳人歌之。」

并州歌

晉懷帝時

樂府廣題曰：「晉汲桑力能扛鼎，殘忍少恩，六月盛暑，重裘累裀，使十數人扇之，忽不清涼，便斬扇者。幷州田蘭斬之於平原，士女慶賀，奔走道路而歌之：「士爲將軍何可羞，六月重茵披豹裘，不識寒暑斷他頭。雄兒田蘭爲報仇，中夜斬首謝幷州。」按汲桑晉清河貝丘人，於晉懷帝永嘉元年（三〇七）五月爲馬牧師，而聚衆反，陷鄴城。十二月，田蘭、薄盛等斬汲桑於樂陵（樂陵即平原。事分見晉書懷帝紀，石勒載記、及太平御覽三八六引趙書，二十一田融趙書）。

隴上歌

晉明帝時

詞曰：「隴上壯士有陳安。」陳安，晉南陽王保都尉，後稱藩於劉曜（見晉書南陽王保傳）。晉書劉曜載記曰：「陳安請朝。曜以疾篤不許。安怒，大掠而歸，自稱涼王。明帝太寧元年（三二八），劉曜圍安於隴城。安突圍南走陝中。曜使將軍平先、邱中伯率勁騎追安。安與壯士十餘騎，於陝中格戰。安左手奮七尺大刀，右手執丈八蛇矛；近交則刀矛俱發，輒害五六；遠則雙帶鞬服，左右馳射而走。平先亦壯健絕人，與安搏戰三交，奪其蛇矛而退。會日暮雨甚，安棄馬步踰山嶺，匿於溪澗。會雨霽始追斬安於澗曲。安善於撫接，吉凶夷險，與衆同之。及其死，隴上爲之歌。曜聞而嘉傷，命樂府歌之。」

襄陽童兒歌　　晉懷帝永嘉時

晉書山簡傳曰：「懷帝永嘉三年（三〇九），簡出鎭襄陽。時四方寇亂，朝野危懼；簡優游卒歲，唯酒是耽。習氏，荊土豪族，有佳園池。簡每出嬉遊，多之池上，置酒輒醉，名之曰『高陽池』。時有童兒歌之。葛彊家在并州，簡愛將也。」故歌云：「舉鞭向葛彊，何如并州兒？」按高陽池在湖北襄陽峴山南，本名習家池，爲漢侍中習郁養魚之所；晉山簡鎭襄陽，常至此遊賞，始名之曰高陽池。池邊有高隄，種竹及長楸，芙蓉覆水；池中築一釣臺，是當時遊讌名處也（事分見世說新語任誕篇注及太平御覽六七所引襄陽記）。

淫豫歌二首（卷八十六）

世代莫詳。古今樂錄曰：「晉宋以後，有滟預歌。」酈道元水經注曰：『白帝山城水門之西江中有孤石，名滟豫石，冬出水二十餘丈，夏則沒，亦有裁出焉。江水東逕廣溪峽，乃三峽之首也。峽中有瞿塘、黃龕二灘，夏水回復，沿泝所忌。』國史補曰：「蜀之三峽，最號峻急；四月五月尤險，故行者歌之。」滟或作灩，預或作豫。廣溪峽，即瞿塘峽。

巴東三峽歌二首

酈道元水經注曰：「巴東三峽，謂廣溪峽、巫峽、西陵峽也。三峽七百里中，兩岸連山，略無闕處；重巖疊嶂，隱蔽天日；自非亭午夜分，不見日月。……每至晴初霜旦，林寒澗肅，常有高猿長嘯，屬引淒異，空谷傳響，哀轉久絕；故漁者歌之。」按巴東三峽歌之世代亦不明，丁福保收於全晉詩中。

附三峽謠

水經注曰：「江水又東，逕黃牛山，下有灘名曰『黃牛灘』。南岸重嶺疊起，最外高崖間有石，色如人負刀牽牛，人黑牛黃，成就分明。此巖既高，加以江湍紆迴，雖途逕信宿，猶望見此物。故謠者曰：『朝發黃牛，暮宿黃牛；三朝三暮，黃牛如故。』言水路紆深，迴望如一矣。」

庾公歌二首（卷八十七）　　晉成帝時石頭民歌

晉書五行志中曰：「庾亮初鎮武昌，出至石頭，百姓於岸上歌之；後連徵（司徒、揚州刺史、錄尙書事）不入，及薨，還都葬焉，皆如謠言。」按庾亮於晉成帝咸和九年（三三四）遷鎮武昌，爲征西將軍；於咸康六年（三四〇）卒，（見晉書成帝紀）。

御路楊歌　晉廢帝太和時

晉書五行志中曰：「海西公太和中，百姓所歌。」海西公即晉廢帝。晉書海西公紀曰：「桓溫欲圖廢立，誣帝在藩，夙有痿疾，嬖人相龍、計好、朱靈寶等參侍內寢，美人田氏、孟氏而生三男。故廢海西公令內有『有此三孽，莫知誰子』。」海西公被廢，其三子亦以非海西公之子，縊以馬韁死之。死之明日，南方有獻甘露焉。故歌曰：「青青御路楊，白馬紫游韁；汝非皇太子，那得甘露漿？」識者曰：「白者金行，馬者國族，紫爲奪正之色；明以紫間雜朱也。」（見晉書五行志中）。

鳳凰歌　晉廢帝時

晉書五行志中曰：「海西公初生皇子，百姓歌云：『鳳凰生一雛，天下莫不喜；本言是馬駒，今定成龍子。』其歌甚美，其旨甚微。海西公不男，使左右向龍與內侍接，生子以爲己子。」向龍，海西公紀作相龍。按海西公不男事，蓋桓溫廢帝時誣衊之語，非實事也。請參閱御路楊歌解題。

歷歌　晉安帝時

晉書五行志中曰：「庾楷鎭歷陽，百姓歌之。」按庾楷爲豫州刺史，鎭歷陽（今安徽和縣），於晉安帝隆安二年（三九八）與桓玄等反，兵敗，南奔尋陽依玄，後又通晉廷，謀洩，於元興二年（四〇三）爲玄所誅（見晉書庾楷傳、桓玄傳、安帝紀）。故歌曰：「重羅黎，使君南上無還時。」

苻堅時長安歌　晉廢帝時

晉書苻堅載記曰：「苻堅旣滅燕。慕容沖姊爲清河公主，年十四，有殊色；堅納之，寵冠後宮。沖年十二，亦有龍陽之姿；堅又幸之。姊弟專寵，宮人莫進，長安歌之。咸懼爲亂，王猛切諫，堅乃出沖。」其詞曰：「一雌復一雄，雙飛入紫宮。」太平御覽卷五七〇引十六國春秋「復」作「與」字。按太平御覽同卷又引漢書曰：「李延年善歌，能爲新聲，與女弟俱幸武帝，時人語曰：『一雌復一雄，雙飛入紫宮。』」與此條全同。查今漢書，未知所出，待考。按苻堅滅燕，事在晉廢帝太和五年（三七〇）。

謠辭

吳謠

三國志吳書周瑜傳曰：「瑜少精意於音樂，雖三爵之後，其有闕誤，瑜必知之，知之必顧。故時人謠云：『曲有誤，周郎顧。』」

謠　晉武帝泰始時

晉書賈充傳曰：「充爲文帝大將軍司馬，轉右長史。帝甚幸重。充與裴秀、王沈、羊祜、荀勗，同受腹心之任。泰始中，人爲充等謠曰：『賈裴王，亂紀綱；王裴賈，濟天下。』言亡魏而成晉也。」

閣道謠　晉武帝時

晉書潘岳傳曰：「潘岳才名冠世，爲衆所疾。後爲河陽令，負其才而鬱鬱不得志。時尙書僕射山濤領吏部，王濟、裴楷等並爲帝所親遇。岳內非之，乃題閣道爲謠：『閣道東，有大牛，王濟鞅，裴楷鞧，和嶠刺促不得休。』」按潘岳於晉武帝咸寧四年（二七八）出爲河陽令。

南土謠　晉武帝時

王隱晉書曰：「杜預爲鎭南大將軍，都督荊州諸軍事。南土美而謠之曰：『後世無叛由杜翁，孰識智名與勇功。』」按杜預於晉武帝咸寧四年（二七八）爲鎭南大將軍（見晉書武帝紀）。

童謠（卷八十八）　魏明帝景初時

宋書五行志曰：「魏明帝景初中童謠。及宣王平遼東歸，至白屋，當還鎭長安；會帝疾篤，急召之；乃乘追鋒車東渡河，終翦魏室，如童謠之言也。」謠曰：「阿公阿公駕馬車，不意阿公東渡河，阿公東還當奈何。」按此時司馬懿年六十二歲，故謠稱「阿公」。

謠

魏齊王嘉平時

宋書五行志曰：「魏齊王嘉平中謠曰：『白馬素羈西南馳，其誰乘者朱虎騎。』朱虎者，楚王彪小字也。王淩、令狐愚聞此謠，謀立彪，事發，淩、愚伏誅，彪賜死。」羈，馬絡頭。按王淩爲太尉、令狐愚爲兗州刺史，以彪年長有智勇，欲擁立之，以強魏室，結果爲司馬懿所誅，事在嘉平三年（西元二五一）。事分見三國志魏書王淩傳、楚王彪傳）

童　謠

吳孫亮初

宋書五行志曰：「吳孫亮初童謠曰：『吁汝恪，何若若？蘆葦單衣篾鉤絡，於何相求楊子閣。』楊子閣者，反語石子堈也。鉤絡，鉤帶也。及諸葛恪死，果以葦席裹身，篾束其腰，投之石子堈；後聽恪故吏收葬，求之此堈云。」按諸葛恪，瑾長子，爲吳太傅，於孫亮建興二年（二五三）十月被武衞將軍孫峻伏兵所殺，死於建業宮迎風觀中（見三國志吳書孫亮傳及諸葛恪傳）。古制腰帶有鉤，如管仲射桓公中帶鉤，故名鉤絡帶，亦稱郭洛、鉤落；今以竹篾束腰，故謂篾鉤絡。「楊子閣」之「楊」字，宋書一本與三國志諸葛恪傳均作「成」字，晉書五行志則作「常」字；蓋童謠本無正字也。潘眉曰：「成，當讀若常。」閣楊、閣常之反語爲堈。

白鼉鳴童謠　吳孫亮初

宋書五行志曰：「孫亮初，公安有白鼉鳴。童謠曰：『白鼉鳴，龜背平，南郡城中可長生，守死不去義無成。』鼉有鱗介，甲兵之象也。」按諸葛恪弟融襲父爵宛陵侯，領兵駐公安，公安，吳南郡郡治，與魏接境，有急易逃死也；故云「南郡城中可長生」。恪既被誅，吳遣軍取融，融懼不能决計，及兵到圍城，融果刮金印龜，服之而死：故云「龜背平」（融事見三國志吳書諸葛瑾傳及注引江表傳及宋書五行志）。古列侯金印紫綬龜紐。即印紐作龜形，故謂印爲龜。

童謠　吳孫皓初

三國志吳書陸凱傳曰：「孫皓時，徙都武昌，揚土百姓，泝流供給，以爲患苦，又政事多謬，黎民窮匱。陸凱上疏曰：『武昌土地，非王都安國養民之處，船泊則沈漂，陵居則峻危。且童謠言：「寧飲建業水，不食武昌魚；寧還建業死，不止武昌居。」乃以安居而比死，知民所苦也。』」按孫皓於甘露元年十一月遷都武昌，次年十二月還都建業（見吳書孫皓傳）。

童謠

吳孫皓天紀時

宋書五行志曰：「孫皓天紀中童謠曰：『阿童復阿童，銜刀游過江；不畏岸上虎，但畏水中龍。』晉武帝聞之。加王濬龍驤將軍。及征吳，江西衆軍無過者，而王濬先定秣陵。」按晉書羊祜傳曰：「初，祜以伐吳，必藉上流之勢，又時吳有謠曰：『阿童復阿童，……但畏水中龍』。祜聞之曰：『此必水軍有功，但當思應其名者耳。』會益州刺史王濬徵爲大司農，祜知其可任；濬又小字阿童，因表留濬監益州諸軍事，加龍驤將軍，密令修舟檝，爲順流伐吳之計。祜卒二歲而吳平。」王濬於吳孫皓天紀四年（二八〇）三月以舟師最先至於秣陵，皓遂降於濬（見三國志吳書孫皓傳）。

童謠三首

晉武帝太康後

晉書五行志中曰：「晉武帝太康三年平吳後，江南童謠曰：『局縮肉，數橫目，中國當敗吳當復。』又曰：『宮門柱，且當朽（宋志：當作莫），吳當復在三十年後。』又曰：『雞鳴不拊翼，吳復不用力。』于時，吳人皆謂：『在孫氏子孫。』故竊發爲亂者相繼。按『橫目』者，『四』字；自吳亡至晉元帝興，幾『四』十年。元帝興於江東，皆如童謠之言焉。元帝懦而少斷；『局縮肉』者，有所斥也。」宋志作「直斥之也。干寶云：『不知所斥。』諱之也。」局縮，同拘縮、局束，用斥晉元帝也。

童謠　晉惠帝永熙時

晉書五行志中曰：「惠帝永熙中（二九〇），又有童謠曰：『二月末，三月初，桑生裴雷柳葉舒（此句原本無，據太平御覽六百六引王隱晉書補），荊筆楊板行詔書，宮中大馬幾作驢。』此時楊駿（爲太傅）專權，楚王（瑋，惠帝之弟）用事，故言『荊筆楊板』；二人不誅，則君臣禮悖，故云『幾作驢』也。」大馬，指晉惠帝。按駿、瑋二人，均於惠帝元康元年（二九一）爲賈后所殺。

京洛童謠二首　晉惠帝元康時

晉書五行志中曰：「晉惠帝元康中，京洛童謠曰：『南風起，吹白沙，遙望魯國何嵯峨！千歲髑髏生齒牙。』又曰：『城東馬子莫嚨哅，比至來年纏女髮。』南風，賈后字也。白，晉行也。沙門，太子小字也。魯，賈謐（賈后妹之子）國也。言賈后將與謐爲亂，以危太子，而趙王（倫，惠帝之叔祖）因釁，咀嚼豪賢，以成篡奪，不得其死之應也。」宋志作「是時愍懷太子頗失衆望，卒以廢黜，不得其死。」按賈后傳亦有此謠云：「南風烈烈吹黃沙，遙望魯國鬱嵯峨，前至三月滅汝家。」與五行志所載不同。又愍懷太子傳所載謠云：「東宮馬子莫聾空，前至臘月纏女髮」亦略有出入。宋志後一句作「比至三月纏汝鬃。」由此，可見童謠文字之多變性。鬃，髮同。按先是賈后於元康九年（二九九）十二月譖廢愍懷太子遹，次年永康元年（三〇〇）三月后殺太子。趙王倫爲太子報仇，誅賈謐，廢殺賈后。永寧元年（三〇一）正月，倫僭奪帝位，遷帝於金墉城。蓋應愍懷太子及賈后一家，皆不得其死也。

洛中童謠

晉惠帝永寧時

晉書五行志中曰：「趙王倫既纂，洛中有童謠曰：『獸從北來鼻頭汗，龍從南來登城看，水從西來河灌灌。』數月，而齊王（冏，惠帝從弟，時鎮許昌）、成都王（頴，惠帝之弟，時鎮鄴）、河間王（顒，惠帝從叔，時鎮長安），義兵同會，誅倫。按成都西藩而在鄴，故曰『獸從北來』；齊東藩而在許，故曰『龍從南來』；河間水源而在關中，故曰『水從西來』；齊留輔政，居於宮西，又有無君之心，故言『登城看』也。」宋志「獸」作「虎」，「河」作「何」。按趙王倫於晉惠帝永寧元年（三〇一）正月僭位。三月冏等三王起兵數十萬討倫。倫兵敗賜死。六月惠帝復位，拜冏大司馬（見晉書汝南王亮等八王傳）樂府詩集郭茂倩引宋書五行志，題作「晉元康中洛中童謠」，蓋由郭氏疏略致誤。

洛陽童謠

晉惠帝時

晉書逸文曰：「惠帝時洛陽童謠曰：『鄴中女子莫千妖，前至三月抱胡腰。』明年而胡賊石勒、劉羽反。」「羽」一作「曜」。按惠帝崩之次年，即晉懷帝永嘉元年（三〇七）三月，東燕王騰鎮鄴。五月，汲桑與石勒反，攻陷鄴，殺萬餘人，掠婦女珍寶而去（見晉書懷帝紀及石勒載記）。無劉曜事。

童謠

晉惠帝太安時

晉書五行志中曰：「太安中（三〇二——三〇三），童謠曰：『五馬游渡江，一馬化爲龍。』後中原大亂，宗藩多絕，唯琅邪（睿）、汝南（宏）、西陽（羕）、南頓（宗）、彭城（玄）五王，同至江東；而元帝嗣統矣。」太安，晉惠帝之年號。按輿地紀勝三十八曰：「宣化鎭爲建康往來津渡之要。晉五王南奔，渡江于此，至今謂之五馬渡。」地在南京城西幕府山之前。其實五王南奔，非在同時。琅邪王睿早於晉懷帝永嘉元年（三〇七）爲安東將軍，都督揚州江南諸軍事，出鎭建鄴；而於太興元年（三一八）即位稱帝，是爲晉元帝。他如汝南王則遲至永嘉五年二月始奔建鄴。（事分見晉書懷帝紀及元帝紀）。

謠　晉懷帝永嘉初

晉書五行志中曰：「茍晞將破汲桑時，有此謠曰：『元超兄弟大落度，上桑打椹爲茍作。』由是，越惡晞，奪其兗州，隙難遂構焉。」按東海王越字元超。落度，淪落不偶。晉懷帝永嘉元年（三〇七），東海王越討牧人賊帥汲桑，以兗州刺史茍晞爲前鋒，晞敗桑於鄴，威名甚盛（事分見晉書懷帝紀及茍晞傳）。謠諒當爲此而生也；桑指汲桑，茍謂茍晞。又按破汲桑後，越司馬潘滔說之曰：「兗州，天下樞要，公宜自牧。」越遂轉晞爲青州刺史，由是與晞有隙（事分見晉書東海王越傳及茍晞傳）。

童謠　晉懷帝永嘉初

晉書五行志中曰：「司馬越還洛時，有童謠曰：『洛中大鼠長尺二，若不早去大狗至。』」大鼠謂東海王越。大狗謂苟晞；狗、苟音同。按東海王越於晉懷帝永嘉三年（三〇九）三月，自滎陽，還洛陽（見晉書懷帝紀）；越既與苟晞構怨；後晞乃昌言欲誅越，稱己功伐，陳越罪狀。五年，懷帝惡越專權，密詔晞討越，並以晞爲大將軍，未幾越薨。（事分見晉書懷帝紀及苟晞傳）。此謠當由於越、晞二人失和而生也。

童　謠

晉懷帝永嘉時

三十國春秋曰：「永嘉中童謠也。」按晉書張寔傳曰：「寔爲涼州牧。寔知劉曜逼遷天子，遣韓璞、田齊、張閬，陰預，步騎一萬，東赴國難，並命陳安等爲璞前驅。及璞次南安，諸羌斷軍路，相持百餘日，會張閬率軍繼至，夾擊大敗羌胡，斬級數千。陳安寇隴右，東與劉曜相持。時雍，秦之人，死者十八九；惟涼州獨全（此句據魏書張寔傳補）。初，永嘉中，長安謠曰：『秦川中，血沒腕；唯有涼州倚柱觀。』至是謠言驗矣。」蓋晉惠、愍間，關中歷經戰亂，死人無算，惟涼州安定。晉愍帝建興四年（三一六），劉曜進陷長安，殺人尤多。

童　謠

晉明帝太寧初

晉書五行志中曰：「明帝太寧初（三二三），童謠曰：『惻惻力力，放馬山側，大馬死，小馬餓，高山崩，石自破。』及明帝崩，成帝幼，爲蘇峻所逼，遷於石頭，御膳不足；此『大馬死，小馬餓』也。『高山』，峻也；（崩）又言峻尋死。『石』，峻弟蘇碩也；峻死後，碩據石頭，尋爲諸公所破：是『山崩石破』之應也。」按石、碩音同，故可通。又據晉書成帝紀、溫嶠傳、蘇峻傳：碩，峻子也；峻弟名逸。此作「峻弟」誤；「弟」當作「子」。又按蘇峻爲歷陽太守，於晉成帝咸和二年（三二七）十一月反，三年九月敗死，爲陶侃，溫嶠等所破（見晉書成帝紀）。

童謠　晉哀帝隆和初

晉書五行志中曰：「哀帝隆和初（三六二），童謠曰：『升平不滿斗，隆和那得久。桓公入石頭，陛下徒跣走。』朝廷聞而惡之，改年曰『興寧』。人復歌曰：『雖復改興寧，亦復無聊生。』哀帝尋崩。升平五年（三六一），而穆帝崩；『不滿斗』，『升平』不至十年也。」按晉穆帝崩；哀帝立，改元隆和（三六二），一年又改元興寧；興寧三年（三六五）二月，哀帝崩。又按魏書司馬衍傳，無「桓公」以下二句。桓公當指桓溫而言。

童謠　晉海西公太和末

晉書五行志中曰：「太和末，童謠曰：『犂牛耕御路，白門種小麥。』及海西公被廢，百姓耕其門，以種小麥，遂如謠言。」按海西公諱奕，在位六年多，於太和六年（三七一）十一月，爲桓溫所廢，史又稱廢帝。白門，晉建康都城之西門，又稱西明門。

京口謠

晉孝武帝太元末

晉書五行志中曰：「孝武帝太元末，京口謠：『黃雌雞，莫作雄父啼；一旦去毛衣，衣被拉颯棲。』尋王恭起兵誅王國寶，旋爲劉牢之所敗，故言『拉颯棲』也。」按王恭，爲兗、青二州刺史，鎭京口。晉安帝隆安元年（三九七），恭以王國寶亂政舉兵，朝廷殺國寶。二年又舉兵反，遣劉牢之先行。尋牢之貪利，背而擊恭。恭敗，被送建康，斬於倪塘（見晉書王恭傳及劉牢之傳）。黃雌雞，謂王恭。「黃」字上，「恭」字頭也；且恭音公。恭因不閑用兵而舉兵敗，故反語之「黃雌雞，莫作雄父啼。」「去毛衣」，蓋喻恭將劉牢之之背恭，猶雞之去毛衣也。「拉颯棲」，謂恭被斬於倪塘也。倪音泥。拉颯，猶言穢塵、垃圾也。

童謠（卷八十九）

晉安帝元興初

晉書五行志中曰：「桓玄旣篡，童謠曰：『草生及馬腹，烏啄桓玄目。』及玄敗走，至江陵，時正五月中，誅如其期焉。」按桓玄篡位，在晉安帝元興二年（四〇三）十二月，次年五月兵敗被殺（見晉書安帝紀及桓玄傳）；五月正是草長之際，故云「草生及馬腹」也。

童謠　晉安帝元興初

按晉書安帝紀及桓玄傳曰：元興元年（四〇二）正月，以會稽王世子元顯爲驃騎大將軍討桓玄；三月，元顯遇害。二年十二月，桓玄篡位。三年（四〇四）二月，劉裕帥劉毅、何無忌等共起義兵，斬桓修於京口，斬桓弘於廣陵。玄南奔。劉毅、劉道規躡玄，誅玄諸兄子；五月，破玄於崢嶸洲（今武昌西北），至枚回洲（安帝紀作貊盤洲），益州督護馮遷斬之。元興中有童謠云：「長干巷，巷長干，今年殺郎君，後年斬諸桓。」郎君謂元顯也（謠見桓玄傳及宋書五行志）。按宋志：後年作明年；與史實不符。又按長干巷，晉都建康城聚寶門外有長干里；長干巷，恐即在此里中。

童謠　晉安帝義熙初

晉書五行志中曰：「安帝義熙初，童謠曰：『官家養蘆化成荻，蘆生不止自成積。』其時官養盧龍，寵以金紫，奉以名州，而龍不能懷我好音，舉兵內伐，遂成仇敵也。及盧龍之敗，斬伐其黨，猶如草木之成積焉。」按蘆、盧同音，荻、敵同音；言蘆盛既極，亦將爲人芟夷，爲積薪焉；用喻盧龍之敗。又按盧循，小字元龍，晉安帝元興三年（四〇四）逐廣州刺史吳隱之；安帝乃假循征虜將軍、廣州刺史。義熙六年（四一〇）二月，循反，殺江州刺史何無忌，敗衞將軍劉毅，進迫晉京，至淮口，聲勢極盛。七年四月，即敗走交州。十二月爲交州刺史杜慧度所殺，並及其父子親屬，僵屍如積焉（事分見晉書安帝紀及盧循傳，宋書五行志等）。

廣州謠二首

晉安帝義熙初

晉書五行志中曰：「盧龍據廣州，人爲之謠曰：『蘆生漫漫竟天半。』後擁上流數州之地，內逼京輦，應天半之言。其時復有謠言曰：『盧橙橙，逐水流，東風忽如起，那得入石頭。』盧龍果敗，不得入石頭也。」（請參閱上首晉安帝義熙初童謠解題）。

吳中童謠

晉穆帝時

宋書五行志二曰：「晉庾義在吳郡。時吳中童謠曰：『寧食下湖荇，不食上湖蓴，庾吳沒命喪，復殺王領軍。』無幾，而庾義、王洽相繼亡。」按庾義應是庾羲之譌。庾義爲太尉庾亮第三子，晉穆帝時爲宋國內史，方見授用而卒（見晉書庾義傳）。王洽，王導子，官至吳郡內史，徵拜領軍，於晉穆帝升平二年（三五八）卒於官（見晉書王洽傳）。又吳中蓴羹有名，以蓴葉爲之，味極美。

荊州童謠

晉安帝時

晉書五行志中曰：「殷仲堪在荊州，童謠曰：『芒籠目，繩縛腹，殷當敗，桓當復。』未幾而仲堪敗，桓玄遂有荊州。」按荊州刺史殷仲堪與桓玄不睦，楊佺期勸堪殺玄，不聽。晉安帝隆安三年（三九九）

十二月，玄襲堪於荊州，堪北奔，爲玄追兵所獲，逼令自縊死（見晉書殷仲堪傳、桓玄傳、世說新語尤悔篇）。又殷仲堪精醫術，其父病，嘗執藥拭淚，而眇一目（見殷仲堪傳）。芒，假借爲盲。故云「芒籠目，繩縛腹」也。

京口謠

晉安帝隆安初

晉書五行志中曰：「王恭鎭京口，舉兵誅王國寶，百姓謠曰：『昔年食白飯，今年食麥麸。天公誅讁汝，教汝捻嚨喉。嚨喉喝復喝，京口敗復敗。』識者曰：『昔年食白飯』言得志也。『今年食麥麸』，麸粗穢，其精已去，明將敗也。『天公』將加『讁』讁而『誅』之也。『捻嚨喉』，氣不通，死之祥也。『敗復敗』，丁寧之辭也。恭尋死，京都又大行欬疾，而喉並『喝』焉。」按王恭爲兗州刺史，鎭京口，於晉安帝隆安元年（三九七）四月，舉兵討尚書左僕射王國寶。晉殺國寶以悅恭。次年，恭復舉兵反，遂敗死（見晉書安帝紀及王恭傳）。

京口民間謠二首

晉安帝隆安初

晉書五行志中曰：「王恭在京口，百姓間忽云：『黃頭小兒欲作賊，阿公在城下指縛得。』又云：『黃頭小人欲作亂，賴得金刀作藩扞。』『黃』字上，『恭』字頭也；『小人』，『恭』字下也。尋如謠言。」按宋書五行志：「小兒」作「小人」。又按古謠諺云：「說文：恭，从心，共聲；黃，从田，从𡿧，古文光。此言『黃頭小兒』者，就隸體分析也。」又按王恭於晉安帝隆安二年（三九八）反，會稽王世子元顯使使說恭前鋒劉牢之；牢之遂背恭，使子敬宣擊敗恭；恭走，爲湖浦尉縛送京師（見晉書王恭傳及安帝紀）。金刀，指劉牢之；「劉」字離之，爲「卯金刀」也。

苻堅時長安謠

晉書苻堅載記曰：「長安謠曰：『鳳皇鳳皇，止阿房。』堅以鳳皇非梧桐不棲，非竹實不食，乃植桐、竹數十萬株於阿房城以待之。沖小字鳳皇，終爲堅賊，入止阿房城焉。」按慕容沖，鮮卑人，爲苻堅平陽太守，於晉孝武帝太元九年（三八四），起兵背堅，遂入據阿房城，僭即帝位（見晉書孝武帝紀）。阿房城，在長安西三十四里，即秦阿房宮也（見讀史方輿紀要五十三）。

苻堅初童謠

晉書五行志中曰：「苻堅初童謠，云：『阿堅連牽三十年，後若欲敗時，當在江湖邊。』及堅在位，凡三十年；敗於淝水是其應也。」按苻堅於晉穆帝升平元年（三五七），稱大秦天王，至晉孝武帝太元八年（三八三）淝水（在安徽壽縣）之役，爲晉所敗；北返後，國內大亂，至十年（三八五）遂爲姚萇所殺，死於新平城（今陝西邠縣）佛寺中，在位二十七年，時年四十八（見晉書苻堅載記）。又苻堅載記：「後若」作「若後」，無「時」字，「江湖邊」作「江淮間」。

苻堅時童謠

晉書苻堅載記曰：「初堅強盛之時，國有童謠云：『河水清復清，苻詔死新城。』堅聞而惡之，每征伐，戒軍旅云：『地有名「新」者避之。』後因壽陽之敗，其國大亂，竟死於新平佛寺。」（請參閱前條苻堅初童謠解題）。按五行志中：「苻詔」作「苻堅」。疑此「詔」爲誤字。五行志中又曰：「時復有謠云：『魚羊田升當滅秦。』識者以爲『魚羊，鮮也；田升，卑也；堅，自號秦：言滅之者，鮮卑也。』其群臣諫堅，令盡誅鮮卑。堅不從。及淮南敗還，初爲慕容沖所攻，又爲姚萇所殺，身死國滅。」按古謠諺云：「說文：卑从ナ，甲聲。此言田升者，就隸體分析也。」

（原刊民國五十九年六月臺灣師範大學「師大學報」第十五期）

第九卷　宋齊樂府詩解題

謝　莊

（本文主要係據郭茂倩樂府詩集解題，另根據史傳、文集、箋注、筆記等資料增編，介紹宋齊時代樂府詩樂曲的來歷與歌詩的題旨，包括郊廟歌辭、燕射歌辭、鼓吹曲辭、橫吹曲辭、相和歌辭、清商曲辭、舞曲歌辭、琴曲歌辭、雜曲歌辭、雜歌謠辭等十節。由此可以了解當時廟堂宮廷的樂章，與民間陌巷的歌謠的情形。）

一、郊廟歌辭

宋南郊登歌三首（卷一）　顏延之

宋書樂志曰：「文帝元嘉二十二年，南郊始設登歌，詔御史中丞顏延之造歌詩，有天地郊夕牲、迎送神、饗神雅樂登歌三篇。」

宋明堂歌九首（卷二）　謝　莊

南齊書樂志曰：「明堂祠五帝。漢郊祀歌皆四言。宋孝武使謝莊造辭。莊依五行數，木數用三，火數用七，土數用五，金數用九，水數用六。」按五行爲水、火、木、金、土。月令：「木數八，火數七，土數五，金數九，水數六。」所以莊歌青帝爲三言，歌赤帝爲七言，歌黃帝爲五言，歌白帝爲九言，歌黑帝爲六言。至歌太祖文皇帝則無定句，迎神、送神二歌，依漢郊祀歌，爲三言體，四句一轉韻。

齊南郊樂歌八首　謝超宗

南齊書樂志曰：「武帝建元二年，有司奏郊廟雅樂歌辭，太廟登歌用褚淵，餘悉用謝超宗所撰，多刪顏延之、謝莊辭，以爲新曲，備改樂名。永明二年，又詔王儉造太廟二室及郊配辭。其南郊樂，群臣出入奏肅咸之樂，牲出入奏引牲之樂，薦豆呈毛血奏嘉薦之樂，凡夕牲歌並重奏，迎神奏昭夏之樂，皇帝入壇東門奏永至之樂，升壇奏登歌，初獻奏文德宣烈之樂，次奏武德宣烈之樂，太祖高皇帝配饗奏高德宣烈之樂，飲福酒奏嘉胙之樂，送神奏昭夏之樂，就燎位奏昭遠之樂，還便殿奏休成之樂，重奏。」

齊北郊樂歌六首　謝超宗

南齊書樂志曰：「北郊樂，迎地神奏昭夏之樂，升壇奏登歌，初獻奏地德凱容之樂，次奏昭德凱容之樂，送神奏昭夏之樂，瘞埋奏隸幽之樂，餘辭同南郊。」隋書樂志曰：「齊氏承宋，咸用元徽舊式，宗祀朝饗奏樂俱同，惟增北郊之禮，乃元徽所闕，永明六年之所加也。唯送神之樂，宋孝建二年秋起居注云：奏肆夏，永明中改奏昭夏。」

齊明堂樂歌十四首　謝超宗

南齊書樂志曰：「武帝建元初，詔謝超宗造明堂夕牲等歌，幷採用謝莊辭。賓出入奏肅咸樂，牲出入奏引牲樂，薦豆呈毛血奏嘉薦樂，迎神奏昭夏樂，皇帝升明堂奏登歌，初獻奏凱容宣烈之樂，還東壁受福酒奏嘉胙樂，送神奏昭夏樂，並建元、永明中所奏也。其凱容宣烈樂、嘉胙樂太廟同用。」

齊雩祭樂歌八首（卷三）　謝朓

南齊書樂志曰：「建武二年，雩祭明堂，謝朓造辭，一依謝莊。唯世祖四言也。」說苑辨物：「大旱則雩祭而請雨。」

齊藉田樂歌二章　江淹

南齊書樂志曰：「藉田歌，漢章帝元和元年，班固奏周頌載芟祠先農。晉傅玄作，祀先農先蠶夕牲歌詩一篇，迎送神一篇，饗社稷先農先聖先蠶歌詩三篇，辭皆叙田農事。胡道安作先農饗神詩一篇，樂府相傳舊歌三章。永明四年藉田，詔江淹造歌。淹不依故傳，製祀先農迎送神升歌及饗神歌二章。」

宋宗廟登歌（卷八）　王韶之

宋書樂志曰：「武帝永初中，詔廟樂用王韶之所造七廟登歌七首。又有七廟享神登歌一首，并以歌章太后，其辭亦韶之造。」

宋章廟樂舞歌　殷淡

宋書樂志曰：「章廟樂舞雜歌，悉同用太廟辭。唯三后別撰，夕牲賓出入奏肅咸樂，牲出入奏引牲樂，薦豆呈毛血奏嘉薦樂，迎神奏昭夏樂，皇帝入廟北門奏永至樂，太祝祼地奏登歌，章太后室奏章德凱容之樂，昭太后室奏昭德凱容之樂，宣太后室奏宣德凱容之樂，皇帝還東壁受福酒奏嘉胙之樂，送神奏昭夏之樂，皇帝詣便殿奏休成之樂。」

齊太廟樂歌（卷九）　謝超宗

南齊書樂志曰：「宋昇明中，太祖爲齊王，令司馬褚淵造太廟登歌二章。建元初，詔謝超宗造廟樂歌詩十六章。永明二年，又詔王儉造太廟二室歌辭。其夕牲群臣出入奏肅咸樂，牲出入奏引牲樂，薦豆呈毛血奏嘉薦樂，迎神奏昭夏樂，皇帝入廟北門奏永至樂，太祝祼地奏登歌，皇祖廣陵丞，太中大夫，淮陰令，皇曾祖即丘令，皇祖太常卿五室，並奏凱容樂。皇考宣皇帝室奏宣德凱容樂，昭皇后室奏凱容樂，皇帝還東壁上福酒奏永祚樂，送神奏肆夏樂，皇帝詣便殿奏休成樂，太祖高皇帝室奏高德宣烈樂，穆皇后室奏穆德凱容樂，高宗明皇帝室奏明德凱容樂。」今樂錄曰：「梁何佟之、周捨等議，以爲周禮牲出入奏昭夏，而齊氏仍宋儀注。迎神奏昭夏，牲出入更奏引牲樂，乃以牲牢之樂，用接祖宗之靈；宋季之失禮也。」

二、燕射歌辭

齊四廂樂歌（卷十四）

王韶之

宋書樂志曰：「王韶之造四廂樂歌五篇：一曰肆夏樂歌四章，客入，四廂振作『於鑠曲』；皇帝當陽，四廂振作『將將曲』；皇帝入變服，四廂振作『於鑠』『將將』二曲；又黃鍾、太簇二廂作『法章』『九功』二曲。二曰大會行禮歌二章，姑洗廂作。三曰王公上壽歌一章，黃鍾廂作。四曰殿前登歌三章，別用金石。五曰食舉歌十章，黃鍾、太簇二廂更作，黃鍾作『晨羲』『體至和』『王道』『開元辰』『禮有容』五曲；太簇作『五玉』『懷荒裔』『皇猷緝』『惟永初』『王道純』五曲。」古今樂錄曰：「按周禮云：王出入奏王夏，賓出入奏肆夏。肆夏本施之於賓，帝王出入，則不應奏肆夏也。」

宋四廂樂歌

南齊書樂志曰：「元會大饗四廂樂，齊微改革，多仍宋舊辭。其臨軒樂亦奏肆夏、於鑠四章云。」

三、鼓吹曲辭

巫山高(卷十七)

虞羲

漢巫山高，原抒遠望思歸之意。宋玉高唐賦序：「楚襄王與宋玉遊於雲夢之臺、望高唐之觀，上有雲氣，王問玉曰：『此何氣也』？玉曰：『所謂朝雲也。』王曰：『何謂朝雲？』玉曰：『昔者先王嘗遊高唐，怠而晝寢，夢見一婦人曰：「妾，巫山之女也，爲高唐之客，聞君游高唐，願薦枕席。」王因而幸之。去而辭曰：「妾在巫山之陽，高丘之岨，旦爲朝雲，暮爲行雨，朝朝暮暮，陽臺之下。」』王曰：『朝雲始出，狀若何也？』玉對曰：『其始出也，晽兮若松榯；其少進也，晣兮若姣姬。』」義詞曰：「南國多奇山，荊巫獨靈異。雲雨麗以佳，陽臺千里思。勿言可再得，特美君王意。高唐一斷絕，光陰不可遲。」蓋就陽臺神女之事，加以鋪敍，無復漢人古詞思歸之意。

巫山高

王融

擬漢巫山高。詞曰：「想像巫山高。」亦雜以巫山神女之事，寄以相思美人之情。

巫山高

劉繪

擬漢鐃歌巫山高曲。詞曰：「高唐與巫山參差鬱相望。」言所思不易相期，因而心感惆悵。

巫山高　范雲

擬漢巫山高曲。詞曰：「巫山高不極」，言寂寞夜間，枕席誰薦？亦用陽臺神女之故事，加以抒寫。

芳樹　謝脁

擬漢鐃歌芳樹曲。詞曰：「早翫華池陰。」樂府解題曰：「但言時暮衆芳歇絕而已。」一言桂樹旖旎如此，因霜而枯萎，終與蓬逝；喻己有美質，終遭人讒毀也，蓋託物感懷之作。

芳樹　王融

擬漢芳樹曲。詞曰：「相望早春日，煙華雜如霧。」言希望春日，能邂逅麗人，然去來徘徊，終無所遇也。

有所思　劉繪

擬漢鐃歌有所思曲。詞曰：「別離安可再。」寫月夜離思也。

有所思　王融

擬漢有所思曲。詞曰：「如何有所思，而無相見時。」言夢尋相思，憂使鬢絲也。

有所思 謝朓

擬漢有所思曲。詞曰：「佳期期未歸。」言織婦在東陌，等待歸人之情。

臨高臺（卷十八）謝朓

擬漢鐃歌臨高臺曲。詞曰：「千里常思歸。」抒登臺臨望，倦遊思鄉也。

臨高臺 王融

擬臨高臺曲。詞曰：「遊人欲騁望。」寫登臺眺景，與月徘徊。

宋鼓吹鐃歌三首（卷十九）

宋書樂志曰：「鼓吹鐃歌四篇，今唯有『上邪』三篇，其一篇闕。」古今樂錄曰：「上邪曲四解，晚芝曲九解，漢曲有『遠期』疑是也；艾如張三解。」沈約云：「樂人以音聲相傳，訓詁不可復解。凡古樂錄，皆大字是辭，細字是聲，聲辭合寫，故致然爾。」

宋鼓吹鐃歌　何承天

宋書樂志曰：「鼓吹鐃歌十五篇，何承天晉義熙末私造：一曰朱路。二曰思悲公。三曰雍離。四曰戰城南。五曰巫山高。六曰上陵者。七曰將進酒。八曰君馬。九曰芳樹。十曰有所思。十一曰雉子遊原澤。十二曰上邪。十三曰臨高臺。十四曰遠期。十五曰石流。」郭茂倩曰：「此諸曲皆承天私作，疑未嘗被於歌也。雖有漢曲舊名，大抵別增新意。故其義與古辭考之，多不合云。」

齊隨王鼓吹曲（卷二十）　謝朓

齊永明八年，謝朓奉鎭西隨王教，於荊州道中作：一曰元會曲。二曰郊祀曲。三曰鈞天曲。四曰入朝曲。五曰出藩曲。六曰校獵曲。七曰從戎曲。八曰送遠曲。九曰登山曲。十曰泛水曲。「鈞天」已上三曲，頌帝功；校獵已上三曲，頌藩德。

四、橫吹曲辭

梅花落（卷二十四）　鮑照

梅花落，本漢笛中曲也。朱乾曰：「梅花落，春和之候，軍士感物懷歸，故以爲歌。」照詞曰：「中庭雜樹多，偏爲梅咨嗟。」無涉於軍樂，蓋藉梅花以讚美堅貞正直之士，藉雜樹以譏諷無節操之人，意謂梅花能在霜露中開花作實，有不畏劣境之品質，雜樹祇能搖蕩春風，取媚春日，寒風一來，即隨而飄零，可謂無堅貞之高操也。

五、相和歌辭

江南思（卷二十六）　湯惠休

詞曰：「幽客海陰路。」言戍所見鄉人，亦寄思鄉情也。

蒿里　鮑照

擬古蒿里曲。吳摯父曰：「此當爲（宋）孝武挽歌。『天道與何人？齎我長恨意。』蓋爲明帝之弒廢帝，而孝武絕統也。故曰『長恨』」。

挽歌　鮑照

詞曰：「獨處重冥下。」言人死後，螻蟻食之，終成枯髏也。「彭韓及廉藺，疇昔已成灰，壯士皆死盡，餘人安在哉？」吳摯父曰：「數句，蓋傷廢帝被弒，無人討賊也。」蓋此亦爲宋孝武作也。

對酒　范雲

擬魏武帝對酒。詞曰：「對酒心自足。」言但當爲樂，勿徇名自欺也。

採桑（卷二十八）　鮑照

詞曰：「季春梅始落，女工事蠶作。」黃節曰：「此擬古辭陌上桑也……最得古意。」吳摯父曰：「孝武宮闈瀆亂，傾惑殷姬。詩殆爲此而作。」

日出東南隅行　謝靈運

此蓋出古辭陌上桑。詞曰：「柏梁冠南山」，言絕代美女，如蘭芬玉秀，如秋松高潔，如春日淑美，猶同曹植美女篇。陶潛感士不遇賦：「雖懷瓊而佩蘭，徒芳潔而誰亮？」故此或亦有所寄意也。

王昭君（卷二十九）　鮑照

擬漢王昭君曲，寫昭君和番，出塞後之心境，以及深夜笳聲哀怨也。

長歌行（卷三十）　謝靈運

擬古長歌行。宋書謝靈運傳：「靈運爲臨川內史，興兵叛逸，追討禽之，送廷尉治罪，論正斬刑。上愛其才，欲免官而已，彭城王堅執，謂不宜恕，乃語降死一等，徙付廣州。」詩用「既慙臧孫慨」，蓋其時作也。吳摯父曰：「有死喪無日之歎。」

銅雀妓（卷三十一）　謝　朓

此爲朓同謝璟諮議之作。梁書謝徵傳：「璟隆昌中，爲明帝驃騎諮議參軍領記室。」鄴都故事：「魏武帝遺命諸子曰：『吾死之後，葬於鄴之西崗上。吾妾與夫人皆居銅雀臺。臺上施六尺牀，下繐帳，朝晡上酒脯粻糒之屬，每月朝十五，輒向帳前作伎。汝等時登臺，望吾西陵墓田。』銅雀臺，在鄴城（河南臨漳縣），漢建安十五年築，其上有屋一百二十間，連接榱棟，高徹雲漢，鑄大銅雀置於樓顚，舒翼奮尾，勢若飛動，因名爲銅雀臺。」張蔭嘉古詩賞析曰：「詩以誚魏武也。」以諷刺魏武雖死，猶不能忘情聲伎，則亦徒然而已。故詞曰：「鬱鬱西陵樹，詎聞歌吹響。」詎，豈也。

置酒高堂上　孔　欣

詞曰：「置酒宴友生。」先言飲酒作樂，四座同歡。次言人生短促。故曰：「生猶懸水溜，死若波瀾停。」人貴得意，要甚虛名。

猛虎行二首　謝惠連

擬古猛虎行。(1)詞曰：「貧不攻九疑玉，倦不憩三危峯。言人不居惑地危境。志士當自厲恭肅，奮發立功也。⑵言爲客悲傷。

燕歌行（卷三十二）　　謝惠連

詞曰：「念君行役怨邊城，君何崎嶇久徂征。」擬魏文帝燕歌行。謂念君行役，而展轉悲思也。

燕　歌　行　　謝惠連

擬魏文帝燕歌行。詞曰：「念君客遊羈思盈，何爲淹留無歸聲。」因言夜見鵾鴻，接羽和鳴，而感物泣涙，傷己孤另也。

從　軍　行　　顏延年

王粲有從軍行。詞曰：「苦哉遠征人，畢力幹時艱。」言出征邊塞之情形，苦天下之征伐也。

鞠歌行（卷三十三）　　謝靈運

陸機有鞠歌行。鞠，蹋球。以革爲球，實以毛髮，蹴蹋爲戲。又有所謂擊鞠者，以木爲毬，騎而以杖擊之，由其相和爲戲，非一人所作，故舊辭咸託意知己焉。（朱秬堂所引說）。靈運詞曰：「叔牙顯夷吾親；郢既殁，匠寢斤，……永言知己感良辰。」按宋書武三王義眞傳：謝靈運、顏延之、慧琳與廬陵王義眞情款相賞。義眞，爲宋武帝次子，聰明愛文義，常曰：「得志之日，以靈運、延之爲宰相。」宋少帝景平二年正月，徐羨之奏廢義眞爲庶人，徙新安郡，未幾復遣使殺義眞。此首當爲有感於義眞之死，知已已喪而作。故結言：「永言知己感良辰。」

鞠歌行　謝惠連

詞曰：「翔馳騎，伯樂不舉誰能知。」此似亦傷知己之逝。按宋書謝靈運及謝惠連傳：惠連幼有才悟而輕薄，不爲父方明所知。……靈運造方明，過視惠連，大相知賞，謂方明曰：「阿連才悟如此，而尊作常兒遇之。」元嘉五年，靈運與族弟惠連、何長瑜、荀雍、羊璿之，以文章賞會，共爲山澤之游。元嘉十年靈運被誅，未幾惠連亦憔悴卒。故惠連詞又云：「年難留，時易隕，厲志莫賞徒勞疲」。結語又云：「單心慷慨雙淚垂。」語極悲痛感慨。

苦寒行　謝靈運

擬魏武帝北上篇。詞曰：「飢爨煙不興，渴汲水柏涸。」吳摯父曰：「此悲世亂。」

豫章行（卷三十四）　謝靈運

擬古豫章行。詞曰：「覽鏡睨頹容，華顏豈久期？」言壽短景馳，容華不久。一說因結語有「苟無回戈術，坐觀落崦嵫，」或以爲用「日落崦嵫」，暗喩晉室將亡也。

豫章行　　謝惠連

擬古豫章行。詞曰：「軒帆遡遙路，薄送瞰遐江。」爲送友遠行，惟語甚哀傷。結言「願子保淑慎，良訊代徽容。」不知是否爲送謝靈運赴臨川內史時所作。

相逢行　　謝惠連

擬漢相逢行。詞曰：「邂逅賞心人，與我傾懷抱。」言與己相遇傾心。又曰：「親黨近卹庇，昵君不常好；九族悲素霰，三良怨黃鳥。」言同族爲汝悲悼。此首似爲哀傷謝靈運之被加死罪也。按謝靈運於宋文帝元嘉九年以叛逆罪論斬，以祖父玄有大功於南方，而降死一等，移付廣州；次年終於廣州棄市。

相逢狹路間　　孔　欣

擬漢相逢行。詞曰：「淳朴久已凋，榮利迭相驅。」言世路險狹邪僻，而勸人與其攜手歸隱，故結云：「狹路安足遊，方外可寄娛。」

長安有狹斜行（卷三十五）　謝惠連

擬漢長安有狹斜行。言仕宦名都也。

長安有狹斜行　荀昶

擬漢長安有狹斜行。亦詠一家富貴，三子三婦之故事：大兄二兄，忙於仕宦，小弟門雞行樂；大婦二婦，忙於織縫，小婦但彈琴娛其夫也。

三婦艷詩　劉鑠

漢長安有狹斜行，詠三子三婦之故事，中有「大婦織綺紵，中婦織流黃。小婦無所爲，挾琴上高堂；丈夫且徐徐，調絃詎未央。」劉鑠作三婦艷詩，蓋擬此數句，而單詠三婦事，由大婦、二婦之勞苦，寫出爲小弟小婦者，不管家計，只管享樂。以後作者大都襲此而作。

三婦艷詩　劉鑠

擬劉鑠艷詩，亦詠小婦夫妻彈瑟行樂之事。

塘上行

謝惠連

魏武帝有塘上行，諸集皆言文帝甄后所作。此擬塘上行。惠連詞曰：「芳萱秀陵阿。」借萱草有用，移根君庭，而願君垂眷也；而與甄后因讒被棄，猶冀君不遺故愛，而有所出入。

蒲生行

謝朓

曹植以蒲生行當塘上行。朓詞曰：「蒲生廣湖邊，託身洪波側。」藉蒲託洪波，得君恩澤，惟言常恐爲人讒害而見棄；並言一切有命，勿須智力，結語仍寄希望，願能與君共遊也。此或是朓爲隨王蕭子隆文學時作。按齊武帝永明八年，朓爲隨王蕭子隆鎭西功曹，轉文學，隨王好辭賦，朓以文才，尤被賞愛，流連晤對，不舍日久。爲長史王秀之所忌，以朓年少相勸，密以啓聞。齊武帝敕令朓從荊州回都（見齊書謝朓本傳）。此首或係朓未離荊州時，微聞讒言，有感而作。

秋胡行（卷三十六）二首

亦詠漢劉向列女傳中秋胡戲妻之故事。⑴詞曰：「春日遲遲，桑何萋萋。」亦詠秋胡於桑下邂逅美婦，求愛之願難諧。⑵詞曰：「漢女倏忽，洛神飄揚；空勤交甫，徒勞陳王。」言秋胡空費示愛之心。

秋胡行九首

顏延之

亦詠秋胡戲妻之故事。延之作共九章，描述秋胡妻之貞烈：首章敍秋胡妻之下嫁。次章敍秋胡遠行仕宦，因而離別。第三章敍憐夫行役之苦。第四章敍別後幾經寒暑，春榮冬枯，以及歲暮獨處之悲哀。第五章敍秋胡返鄉，經過桑野，爲伊貌美而駐節。第六章敍由於久別，與妻已不相識，秋胡以金戲妻，妻志堅如金玉。第七章敍秋胡回家拜見父母，日暮妻歸相見，乃向所見採桑婦。第八章敍秋胡妻悲歎。第九章敍妻感秋胡用情不專，投水自盡。

秋胡行七首

王　融

亦詠秋胡戲妻之故事，融作分七章：首章敍秋胡與妻結婚不久，即告遠行。二、三章敍秋胡妻相思之情。第四章敍秋胡天寒乏衣而思歸。第五章敍秋胡返鄉時，途見美蠶婦，爲之目迷。第六章敍秋胡以金戲之，伊人守身如玉；秋胡只好返家。第七章敍秋胡出門，等待其妻，彼美來歸，原來即其妻也，先是慙愧，後覺欣喜，然蘭艾異分，妻終投水而死。

善哉行

謝靈運

擬古善哉行。詞曰：「暘谷躍升，虞淵引落。」言自然各種現象，皆不能長保其盛，或謂此喻晉宋君德之衰也。故人生應該「激涕當歌，對酒當酌」，求自處安樂也。

隴西行（卷三十七）　謝靈運

擬古隴西行。詞曰：「鳥之棲遊，林壇是閑；韶樂牢膳，豈伊攸便。」言己之懷，第願高棲山林，不欲做官出仕也。蓋靈運於宋文帝時所作。按元嘉三年，徵靈運爲秘書監，再召不起；文帝又使光祿大夫范泰勸駕，不得不出。然靈運在京，又多稱病不朝，後終告假東歸也。

隴西行　謝惠連

擬古隴西行。詞曰：「誰能守靜，棄華辭榮。」言有用之才，常難全身，而以警惕世人也。

折楊柳行二首　謝靈運

詞曰：「舍我故鄉客，將適萬里道。妻妾牽衣袂，收淚沾懷抱。」當是靈運於宋文帝元嘉九年，以叛逆罪，收送廣州時所作。第一首寫離別妻妾，託付幼子之情。第二首言人生否泰語默之道。

東門行　鮑照

擬漢東門行。詞曰：「傷禽惡弦驚，倦客惡離聲。」言離鄉客遊之悲，實非聲樂所能寬解，即長歌亦無法自慰，徒增悲恨而已。

卻東西門行　謝惠連

擬魏武帝卻東西門行。詞曰：「慷愷發相思。」言人生多苦慮也。

順東西門行　謝靈運

詞曰：「出西門，眺雲間。」言人生應及時飲酒作樂，珍惜光陰也。

順東西門行　謝惠連

詞曰：「哀朝菌，閔穨力。」亦言應飲酒舒情，盡歡忘愁。

青青河畔草　王融

擬古詩十九首中「青青河畔草。」言閨思也。

上留田行　謝靈運

詞曰：「薄遊出彼東道上」，由出遊東道，引發思鄉之愁。

放歌　　　　　　鮑照

擬傅玄放歌行。此詩或作於宋文帝元嘉二十一年。詞曰：「蓼蟲避葵堇，習苦不言非。」言蓼蟲，安於吃苦，然小人齷齪，不理解曠士安貧處窮之懷抱；次言衆人皆以今盛世，紛紛來京，到處奔競，然己則獨遲迴而不前也。

飛來雙白鵠（卷三十九）　　　　　　吳邁遠

擬漢艷歌何嘗行。詞曰：「可憐雙白鵠。」言雙鵠高飛，途遇變故，因而分離；今雖遇新知，終傷別離也。

艷歌行　　　　　　劉義恭

擬漢艷歌行，詞曰：「江南游湘妃，窈窕漢濱女。」湘妃，即湘君，湘水之女神；傳說爲堯之二女娥皇與女英，舜之妃也。漢女，漢水之神女。先寫湘妃漢女之貞淑，及喪夫之悲傷。又曰：「悲鴻失良匹。」次詠鳴雁失偶，而懷戀舊侶，不欲舉翼故事。當亦取意艷歌何嘗行之詞意而作。

煌煌京洛行二首　　　　　　鮑照

擬魏文帝煌煌京洛行。(1)詞曰：「鳳樓十二重。」盛稱京洛之美，終言君恩歇薄，有怨曠沈淪之歎。(2)詞曰：「南遊偃師縣，斜上霸陵東。」言回望京城，而寫東西兩京（指洛陽、長安）之盛，歡宴無窮也。似用寄託當日宋京也。

門有車馬客行（卷四十）

鮑　照

黃節補注：「此當是擬曹植門有萬里客篇。」詞曰：「門有車馬客。」照家居建康。先寫有故鄉客來訪，談論故鄉之今昔情形，皆悲傷無喜。次寫與客分別之感傷，囑客珍重也。吳摯父以爲作於宋文帝被太子劭所弒之後。京師甚動亂，故言悲。

櫂歌行

孔甯子

擬魏明帝櫂歌行。詞曰：「君子樂和節。」詠天子於三月三上巳日出遊曲水之事。按後漢書禮儀志：「是月上巳，官民皆絜於東流水，洗濯祓除去宿垢，爲大絜。」

櫂歌行

吳邁遠

詞曰：「十三爲漢使，孤劍出皐蘭。」寫出使國外，行役各地之艱險悲傷。

櫂歌行

鮑照

詞曰：「羇客離嬰時，飄颻無定所。」詠羇旅乘舟之困。一説此借行旅之驚波，憂世亂之無可留連也。故詞曰：「颸戾長風振，遙曳高帆舉；驚波無留連，舟人不躊躇。」

蒲坂行

陸厥

古今樂錄曰：「王僧虔技錄有蒲坂行，今不歌。」通典曰：「河東，唐虞所都蒲坂也，漢爲蒲坂縣。春秋時，秦晉戰於河曲，即其地也。」詠江南春來，仍飄泊塞外。

白頭吟（卷四十一）

鮑照

擬卓文君白頭吟。西京雜記：「司馬相如將聘茂陵一女爲妾。文君作白頭吟以自絕。相如乃止。」方植之曰：「此統言君臣朋友夫婦之情難以常保也。……蓋此世情，古今天下，恒如斯也。」故其詞曰：「人情賤思舊，世議逐衰興。」又曰：「古來共如此，非君獨撫膺。」

泰山吟

謝靈運

宋書禮樂志云：「太祖（文帝）在位，長久有意封禪，遣使履行泰山舊道，詔學士山謙之草封禪儀注。」

黃節注：「康樂此篇蓋其時作也。」詠泰山封禪事。

東武吟行　鮑照

左思齊都賦注曰：「東武、泰山皆齊之土風，絃歌謳吟之曲名也。」東武，泰山下之小山。此篇擬漢代一老軍之口吻寫成，敍其早年從軍出征之勞苦，後因將軍過世，即無人論其功績，至因年老無用，而退役返鄉，望朝廷垂恩，勿虧待此一有功之老軍也。詩中「張校尉」指張騫；「李輕車」指李察。

怨詩行　湯惠休

此擬班婕好怨詩行。漢武帝時，班婕好失寵，求供養太后於長信宮，乃作怨詩以自傷，託詞於紈扇。惠休作亦寫宮怨，甚而言欲彈琴訴情，願留悲君堂，然亦徒然也。

玉階怨（卷四十三）　謝朓

此亦由班婕好之失寵，貶居長信宮而出。寫宮怨也。言長夜相思，此情無極。

玉階怨　虞炎

亦詠宮怨，言淚隨言落也。

六、清商曲辭

吳聲歌曲

華山畿二十五首（卷四十六）

古今樂錄曰：「華山畿者，宋少帝時，懊惱一曲，亦變曲也。」少帝時，南徐一士子，從華山畿往雲陽，見客舍有女子，年十八九，悅之無因，遂感心疾，母問其故，具以啓母，母爲至華山，尋訪見女，具說聞感之因，脫蔽膝，令母密置其席下，臥之，當已。少日果差，忽舉席見蔽膝而抱持，遂吞食而死，氣欲絕，謂母曰：「葬時車載從華山度。」母從其意。比至女門，牛不肯前，打拍不動。女曰：「且待須臾。」妝點沐浴，既而出，歌曰：「華山畿，君既爲儂死，獨活爲誰施？歡若見憐時，棺木爲儂開。」棺木應聲開。女遂入棺，家人叩打，無如之何，乃合葬，呼曰神女冢。

讀曲歌八十九首

宋書樂志曰：「讀曲歌者，民間爲彭城王義康所作也。其歌云：死罪劉領軍，誤殺劉第四是也。」古今樂錄曰：「讀曲歌者，元嘉十七年，袁后崩，百官不敢作聲歌，或因酒讌，止竊聲讀曲，細吟而已，以此爲名。」按義康被徙，亦是十七年，南齊時，朱碩仙善歌吳聲讀曲。武帝出遊鍾山，幸何美人墓，碩仙歌曰：「一憶所歡時，緣山破芿荏，山神感儂意，盤石銳鋒動。」帝神色不悅，曰：「小人不遜，弄我。」時朱子尚亦善歌，復爲一曲云：「暖暖日欲冥，觀騎立蜘蟵，太陽猶尚可，且願停須臾。」於是俱蒙厚賚。

西曲歌上（卷四十七）

古今樂錄曰：「西曲歌有石城樂、烏夜啼、莫愁樂、估客樂、襄陽樂、三洲、襄陽蹋銅蹄、採桑度、江陵樂、青陽度、青驄白馬、共戲樂、安東平、女兒子、來羅、那呵灘、孟珠、翳樂、夜黃、夜度娘、長松標、雙行纏、黃督、黃纓、平西樂、攀楊枝、尋陽樂、白附鳩、拔蒲、壽陽樂、作蠶絲、楊叛兒、西烏夜飛、月節折楊柳歌三十四曲。石城樂、烏夜啼、莫愁樂、估客樂、襄陽樂、三洲、襄陽蹋銅蹄、採桑度、江陵樂、青驄白馬、共戲樂、安東平、那呵灘、孟珠、翳樂、壽陽樂，並舞曲；青陽度、女兒子、來羅、夜黃、夜度娘、長松標、雙行纏、黃督、黃纓、平西樂、攀陽枝、尋陽樂、白附鳩、拔蒲、作蠶絲，並倚歌；孟珠、翳樂，亦倚歌。按西曲歌出於荊郢樊鄧之間，而其聲節送和與吳歌亦異，故其方俗而謂之西曲云。

石城樂五首

唐書樂志曰：「石城樂者，宋臧質所作也。石城在竟陵，質嘗爲竟陵郡，於城上眺矚，見羣少年歌謠通暢，因作此曲。」古今樂錄曰：「石城樂，舊舞十六人。」

烏夜啼八首

唐書樂志曰：「烏夜啼者，宋臨川王義慶所作也。元嘉十七年，徙彭城王義康於豫章，義慶時爲江州，至鎭相見而哭。文帝聞而怪之，徵還宅，大懼，伎妾夜聞烏夜啼聲，扣齋閤云：『明日應有赦。』其年更爲南兗州刺史，因此作歌，故其和云：『夜夜望郎來，籠窗窗不開。』今所傳歌辭，似非義慶本旨。教坊記曰：「烏夜啼者，元嘉二十八年彭城王義康有罪放逐，行次潯陽，江州刺史衡陽王義季留連歡宴，歷旬不去。帝聞而怒，皆囚之。會稽公主姊也，嘗與帝宴洽，中席起拜。帝未達其旨，躬止之。主流涕曰：『車子歲暮，恐不爲陛下所容。』車子，義康小字也。帝指蔣山曰：『必無此，不爾便負。』初寧陵武帝葬於蔣山，故指先帝陵爲誓。因封餘酒寄義康。且日曰：『昨與會稽姊飲樂憶弟，故附所飲酒往。』遂宥之，使未達潯陽，衡陽家人扣二王所囚院曰：『昨夜烏夜啼，官當有赦。』少頃使至，二王得釋，故有此曲。」按史書稱臨川王義康爲江州，而云衡陽王義季，傳之誤也。古今樂錄曰：「烏夜啼，舊舞十六人。」樂府解題曰：「亦有烏棲曲，不知與此同否？」

估客樂（卷四十八）

古今樂錄曰：「估客樂者，齊武帝之所製也。帝布衣時，嘗遊樊鄧，登祚以後，追憶往事而作歌，使樂府令劉瑤管絃被之教習，卒遂無成。有人啓釋寶月善解音律，帝使奏之，旬日之中，便就諧合，敕歌者常重爲感憶之聲，猶行於世。寶月又上兩曲。帝數乘龍舟，遊五城江中放觀，以紅越布爲帆，綠絲爲帆綷，鍮石爲篙足，篙榜者悉著鬱林布，作淡黃袴列開，使江中衣出，五城殿猶在，齊舞十六人，梁八人。」唐書樂志曰：「梁改其名爲商旅行。」

襄陽樂九首

古今樂錄曰：「襄陽樂者，宋隨王誕之所作也。誕始爲襄陽郡。元嘉二十六年，仍爲雍州刺史，夜聞諸女歌謠，因而作之，所以歌和中有襄陽來夜樂之語也。舊舞十六人，梁八人。又有大隄曲，亦出於此。簡文帝雍州十曲，有大堤、南湖、北渚等曲。通典曰：裴子野宋略稱晉安侯劉道產爲襄陽太守，有善政，百姓樂業，人戶豐贍，蠻夷順服，悉緣沔而居，由此歌之，號襄陽樂，蓋非此也。」

壽陽樂九首（卷四十九）

古今樂錄曰：「壽陽樂者，宋南平穆王爲豫州所作也，舊舞十六人，梁八人。按其歌辭，蓋敍傷別望歸之思。」

作蠶絲四首

古今樂錄曰：「作蠶絲，倚歌也。」

楊叛兒八首

唐書樂志曰：「楊伴兒，本童謠歌也。齊隆昌時，女巫之子曰楊旻，少時隨母入內，及長，爲何后寵。童謠云：楊婆兒，共戲來所歡，語訛遂成楊伴兒。」古今樂錄曰：「楊叛兒送聲云：叛兒敎儂，不復相思。」

西烏夜飛五首

古今樂錄曰：「西烏夜飛者，宋元徽五年荊州刺史沈攸之所作也。攸之舉兵發荊州東下，未敗之前，思歸京師，所以歌和云：白日落西山，還去來。送聲云：折翅烏飛，何處被彈歸。」

七、舞曲歌辭

雅舞

宋前後舞歌（卷五十二）　王韶之

宋書樂志曰：「武帝永初元年，改晉正德舞曰前舞，大豫舞曰後舞，並蕤賓廂作。孝武孝建二年九月，建平王宏議，以爲舞不更名，直爲前後二舞。依據昔代，義舛事乖，宜釐改名稱，以凱容爲韶舞，宣烈爲武舞，祖宗廟樂總以德爲名，若廟非不毀，則樂舞別稱，猶漢高、文、武咸有嘉號，惠、景二主樂無餘名；章皇太后廟唯奏文樂，明婦人無武事也；郊祀之樂，無復別名，仍同宗廟而已。詔如宏議。」

齊前後舞歌

前舞階步歌

隋書樂志曰：「近代舞，出入皆作樂，謂之階步，咸用肆夏。至梁去之，隋復用焉。即周官所謂樂出入奏鍾鼓也。」古今樂錄曰：「何承天云：今舞出樂謂之階步，蕤賓廂作。尋儀禮燕、飲、射三樂，皆云：席工於西階上，大師升自西階北面東上，相者坐受瑟，乃降，笙入，立于縣中北面，乃合樂，工歌鹿鳴、四牡、周南，今直謂之階步。而承天又以爲出樂，俱失之矣。」

前舞凱容歌

南齊書樂志曰：「宋前後舞歌二章，齊微改革，多仍舊辭。宣烈舞執干戚，用魏武始舞冠服；凱容舞執羽籥，用魏咸熙舞冠服。宋以凱容繼韶爲文舞，據韶爲言；宣烈即是古之大武，今世諺呼爲武王伐紂，齊初仍舊，不改宋舞名，其舞人冠服亦相承用之。」古今樂錄曰：「宋孝武改前舞爲凱容之舞，後舞爲宣烈之舞。」何承天三代樂序云：晉正德、大豫舞，蓋出於漢昭容、禮容樂，然則其聲節有古之遺音焉。晉使郭瓊、宋識等造正德、大豫舞，初不言因革昭容等兩舞。承天空謂二容，竟自無據。

按正德、大豫二舞，即出宣武、宣文、魏大武三舞也。宣武，魏昭武舞也。宣文，魏武始舞也。魏改巴渝為昭武，五行曰大武。今凱容舞執籥秉翟，即魏武始舞也。宣烈舞有矛弩、有干戚矛弩，漢巴渝舞也。干戚，周武舞也。宋世止革其辭與名，不變其舞，舞相傳習，至今不改；瓊、識所造，正是雜用二舞以為大豫爾。夷蠻之樂，雖陳宗廟，不應雜以周舞也。

雜　舞

齊鞞舞曲（卷五十四）

明君辭

南齊書樂志曰：「漢章帝造鞞舞歌云：『關東有賢女。』魏明帝代漢曲云：『明明魏皇帝。』傅玄代魏曲，作晉洪業篇云：『宣文創洪業，盛德存泰始，聖皇應靈符，受命君四海。』今前四句錯綜其辭，（作『明君創洪業，盛德在建元，受命君四海，聖皇應靈乾』）從『五帝』至『不可階』六句，全玄辭。後二句本云：『將復御龍氏，鳳凰在庭棲。』又改易焉。」按改為「將復結繩化，靜拱天下齊。」

齊　鐸　舞　歌

南齊書樂志曰：「鐸舞歌一曲，傅玄辭，以代魏太和時『徵羽之，除下厭；衆目上，從鍾鼓』二句。」

齊公莫舞辭

南齊書樂志曰：「晉公莫舞歌二十章，章無定句，前是第一解，後是第十九、二十解。雜有三句，並不可曉解。建武初，明帝奏樂至此曲，言是似永明樂，流涕憶世祖云。」

齊拂舞歌（卷五十五）

白鳩辭

晉白鳩舞歌七解，齊樂所奏是最前一解。

宋白紵舞歌詩

宋書樂志曰：「白紵舞歌詩，舊新合三篇，二篇與晉辭同，其一篇異。」言舞姿之美，以及贈以白紵製袍作巾。

齊白紵五曲　王儉

言陽春花香，或月下而舞，或載歌而舞，或成列而舞，結頌明君在世，永歌昌盛。

白紵舞辭　劉鑠

白紵曲

詞曰：「傴傴徐動何盈盈。」寫舞妓及舞姿之美。

白紵歌六首　鮑照

朱秬堂曰：「周禮樂師：『凡舞有帗舞，有羽舞，有皇舞，有旄舞，有干舞，有人舞。』鄭康成曰：『人舞無所執，以手袖爲威儀。此白紵舞，亦人舞之遺製。』」黃節補注：「明遠有奉始興王白紵舞曲啓曰：『侍郎臣鮑照啓，被教作白紵舞歌辭，謹竭庸陋，裁爲四曲，附啓上呈。郭茂倩所收六首中前四首「吳刀」「桂宮」「三星」「池中」爲一時之作。按鮑照大概於宋文帝元嘉二十二——四年間爲始興王叡侍郎。⑴詞曰：「吳刀楚製爲佩褘，纖羅霧縠垂羽衣。」寫用白紵製舞者巾袍，然後奏樂清歌而舞，使客人忘歸。⑵詞曰：「桂宮柏寢擬天居。」鋪寫王宮之富麗，聲舞之熱鬧。⑶詞曰：「三星參差露沾濕。」寫夜已深遲，樂清歌悲，而感紅顏難長，良時易畢，如非君之故，豈能安樂歡集。⑷詞曰：「池中赤鯉庖所捐，琴高乘去騰上天。」此照以赤鯉自況，而寓其命逢福世，受恩良多，云必洗心立志，以報君德也。⑸詞曰：「朱唇動，素腕舉。」寫伎女隨樂而歌舞，夜長酒多，歡樂無盡。⑹詞曰：「春風澹蕩俠思多。」寫春日氣和，桃紅蘭紫，羅列酒筵，歌吹彈弦。

白紵歌二首　湯惠休

詞曰：「琴瑟未調心已悲。」言以歌舞寄其思情也。⑵詞曰：「少年窈窕舞君前。」言舞者送笑留情，而願君及時重愛也。

齊世昌辭（卷五十六）

南齊書樂志曰：「晉杯槃舞歌十解。第三解云：『舞杯盤，何翩翩，舉座翻覆壽萬年。』其第一解首句云：『晉世寧。』宋改為『宋世寧』，惡其杯槃翻覆，辭不復取。齊改為『齊世昌』，後一解辭同。」

宋泰始歌舞曲辭

古今樂錄曰：「宋泰始歌舞十二曲，一曰皇業頌歌，自堯至楚元王高祖，世載聖德。二曰聖祖頌。三曰明君大雅。四曰通國風。五曰天符頌。六曰明德頌。七曰帝圖頌。八曰龍躍大雅。九曰淮祥風。十曰宋世大雅。十一曰治兵大雅。十二曰白紵篇大雅。皆歌頌功德之辭。

齊明王歌辭　王融

齊明王歌辭七曲，王融應司徒教而作也。一曰明王曲。二曰聖君曲。三曰淥水曲。四曰採菱曲。五曰清楚引。六曰長歌引。七曰散曲。皆歌頌盛代聖君，人民歡樂也。

宋鳳凰銜書伎辭

隋書樂志曰：「鳳凰銜書伎，自宋齊已來有之，三朝用之。」南齊書樂志曰：「蓋魚龍之流也。元會日，侍中於殿前跪取其書以授舍人，舍人受書升殿跪奏。」宋世有辭。齊初詔江淹改造，至梁武帝普通中，下詔罷之。

八、琴曲歌辭

白雪歌（卷五十七） 徐孝嗣

謝希逸琴論曰：「劉涓子善鼓琴，制陽春白雪曲。」琴集曰：「白雪，師曠所作，商調曲也。」唐書樂志曰：「白雪，周曲也。」張華博物志曰：「白雪者，太帝使素女鼓五十弦瑟曲名也。」到唐朝成爲琴曲，本宜合歌。古今樂府奏正曲之後，皆別有送聲。詞曰：「風閨晚飄飄，月殿夜凝明，願君早留眄，無令春草生。」寫閨情，寄言對方早作歸鄉之計。

雉朝飛操 鮑照

一曰雉朝雊操。揚雄琴清英曰：「雉朝飛操，衞女傅母之所作也。衞侯女嫁於齊太子，中道聞太子死，問傅母曰：『何如？』傅母曰：『且往當喪。』喪畢不肯歸，終之以死。傅母悔之，取女所自操琴於冢上鼓之。忽二雉俱出墓中，傅母撫雉曰：『女果爲雉耶。言未畢，俱飛而起，忽然不見。傅母悲痛，援琴作操，故曰雉朝飛。」崔豹古今注曰：「雉朝飛者，犢沐子所作也。齊宣王時，處士泯宣年五十無妻，出薪於野，見雉雄雌相隨而飛，意動心悲，乃仰天歎：『大聖在上，恩及草木鳥獸，而我獨不獲。』因援琴而歌，以明自傷，其聲中絕。魏武帝時，宮人有盧女者，七歲入漢宮學鼓琴，特異於餘妓，善爲新聲，能傳此曲。伯牙琴歌曰：『麥秀蔪兮雉朝飛，向盧壑兮背喬槐，依絕區兮臨回池。』」照詞曰：「雉朝飛，振羽翼。」由雉被人射殺，而感人只要能意氣相傾，死有何怨。

幽蘭五首（卷五十八）　鮑　照

宋玉諷賦：「臣嘗出行，正值主人門開，主人翁出，嫗又到市，獨有主人女在，置臣蘭房之中。臣援琴而鼓之，爲幽蘭白雪之曲。」均用寫男女之愛情。或言約期而君未返；或言坐令佳節空過；或言期而失約，空愁無用；或言懼與君所期，恐有中變也；或寫約會等待，其終來赴約也。

別鶴操　鮑　照

崔豹古今注曰：「別鶴操，商陵牧子所作也。娶妻五年而無子，父兄將爲之改娶，妻聞之，中夜起，倚戶而悲嘯。牧子聞之，愴然而悲，乃援琴而歌。後人因爲樂章焉。琴譜曰：琴曲有四大曲，別鶴操其一也。」照詞擬此，亦寫別情離思。

淥水曲（卷五十九）

江　奐

琴歷曰：「琴曲有蔡氏五弄。」琴集曰：「五弄，遊春淥水幽居坐愁秋思，並宮調，蔡邕所作也。」琴書曰：「邕性沈厚，雅好琴道。嘉平初，入青溪，訪鬼谷先生所居山，有五曲，一曲製一弄。山之東曲，常有仙人遊，故作遊春。南曲有澗，冬夏常淥，故作淥水。中曲即鬼谷先生舊所居也，深邃岑寂，故作幽居。北曲高巖，猨鳥所集，感物愁坐，故作坐愁。西曲灌水吟秋，故作愁思。三年曲成出示，馬融甚異之。」詞曰：「芳香若可贈，爲君步羅襪。」言杜若將歇，如此芳香可贈，我將爲君前往採摘也。

秋　風（卷六十）

吳邁遠

詞曰：「月月望君歸，年年不解線。」寫久別相思之情。

秋　風

湯惠休

詞曰：「長夜思君心飛揚。」亦寫秋夜相思之悲傷。

九、雜曲歌辭

出自薊北門行（卷六十一）

鮑　照

朱乾樂府正義曰：「『出自薊北門行』，本曹植艷歌行，與從軍無涉。自鮑照借言燕薊風物及征戰辛苦，竟不知此題爲『艷歌』矣。」薊，故燕國，今北平一帶。照詞曰：「羽檄起邊亭」，言北地發生邊警，朝廷徵兵禦敵，漢天子使使督軍前進，壯士亦寧爲國犧牲也。

君子有所思行

謝靈運

樂府解題曰：「其旨言彫室麗色，不足爲久懽，宴安酖毒滿盈，所宜敬忌也。」古辭不存，此擬陸機作。言還都時，見都中市鄽寬大，處處爲世族居所，夜夜酣飲，整年聽歌；繼言盛代易逝，衰來如飛，生性淡泊者，安於貧困，但求適性，貧富不値相識。

君子有所思行

鮑　照

擬陸機君子有所思行。詞曰：「西上登雀臺，」先鋪述宮苑建築之壯盛，宴飮笙歌之奢侈，然而年貌之衰逝，不再回來，身意亦有衰老頹喪之時。故劉坦之曰：「蓋爲時君過奢，不能自謹，特作此規諷之。」故詞曰：「器惡含滿欹，物忌厚生沒。」然又不敢指斥，故借「智哉衆多士，服理辨昭昧。」

爲說。

悲哉行（卷六十二）

謝靈運

陸機悲哉行云：「遊客芳春林，春芳傷客心。」言客遊感物，憂思而作也。靈運此篇「萋萋春草生，王孫遊有情。」蓋擬陸機作，亦感時節轉變，言己失志也。吳摯父曰：「此詠晉臣攀附宋朝者。」故詞曰：「鼻感改朔氣，眼傷變節榮。」

悲哉行

謝惠連

詞曰：「覊人感淑節」，言客遊感物，憂思而作也。故詞又曰：「覩實情有悲，瞻華意無悅。」又曰：「翔禽常疇偶，所歎獨乖絕。」

白馬篇（卷六十三）

袁淑

擬曹植白馬篇。植作寫幽并健兒，爲國赴難之志。淑詞曰：「劍騎何翩翩。」詠天下各地之賢才壯士，義分如霜，信行如弦，爲國遠圖，持節關外，俠行英烈，自古如是。

白馬篇

鮑照

擬曹植白馬篇。詞曰：「白馬騂角弓，鳴鞭乘北風。」言征戰邊塞之事也。

白馬篇二首

孔稚圭

(1)詞曰：「漢家嫖姚將，馳突匈奴庭。」按霍去病，漢武帝時爲剽姚校尉，前後凡六擊匈奴，斬折蘭、盧胡等王，降獲渾邪、屯頭等王，遠涉沙漠，封狼居胥山而還，拜驃騎將軍，封冠軍侯。帝爲治甲第，對曰：「匈奴未滅，何以家爲？」此篇蓋詠霍去病征討匈奴事。(2)詞曰：「白馬金貝裝，橫行遼水傍。」按後漢書祭肜傳，漢光武帝時，爲黃門侍郎，常在帝左右。光武帝十七年拜遼東太守，至則勵兵馬，肜有勇力，能貫三百斤弓，數破虜。二十一年鮮卑萬餘騎，寇遼東，虜敗奔死者過半，自是鮮卑震畏肜。其後偏何邑落諸豪，並歸效，並使擊匈奴，匈奴衰弱，邊無寇警，鮮卑、烏桓並入貢。永平元年，使偏何擊斬赤山魁帥。肜之威聲，震於北方，西自武威，東盡玄菟及樂浪胡夷，皆來內附。肜卒，遼吏人立祠奉祭。此篇似詠祭肜事蹟。

升天行

鮑照

擬曹植升天行。詞曰：「家世宅關輔。」言人生朝榮夕隕，厭倦俗世，故而從師結友，以求神仙生活也。

神仙篇（卷六十四）　王融

詞曰：「命駕瑤池側。」詠神仙到處雲遊生涯。

松柏篇　鮑照

擬傅玄樂府龜鶴篇而作。序曰：「余患腳上氣四十餘日，知舊先借傅玄集，以余病劇，遂見還，開袠，適見樂府詩龜鶴篇，於危病中，見長逝詞，惻然酸懷，抱如此重病，彌時不差，呼吸乏喘，舉目悲矣，火藥間闕而擬之。」由松柏不衰，言人生浮脆，安得龜齡，大限一至，睿聖不得停留，而感死亡之痛，如事業未就，著作未成，家無擔儲，兒女皆幼，又思在世時，名教物束，生活多虞；繼思獨埋深壤之悲傷，孝子悲號，欲見無由也。淋漓盡情。

齊歌行　陸厥

按戰國時孟子見齊宣王於雪宮。又齊威王、宣王時，於齊之西稷門外稷山下立館，以爲各國游者講學之所。史記孟荀列傳：「自騶衍與齊之稷下先生，如淳于髡、愼到、環淵、接子、田駢、騶奭之徒，各著書，言治亂之事，以干世主。」厥此篇詠齊國學術之盛，學者之多，文人之衆，而皆受禮遇厚待也。

會吟行

謝靈運

此篇當是靈運宋少帝景平元年，稱疾辭職，返回會稽始寧墅時作。乃傚陸機吳趨行，用述其會稽風土人物。

北風行（卷六十五）

鮑照

詩衛風北風詩：「北風其涼，雨雪其雱。」原喻君政暴虐，百姓不親。照詞：「北風涼。」蓋傷北風雨雪，而行人不歸也。與衛詩意異。

苦熱行

鮑照

魏曹植苦熱行曰：「行遊到日南，經歷交阯鄉，苦熱但曝露，越夷水中藏。」樂府解題曰：「苦熱行，備言流金礫石火山炎海之艱難也。」若鮑照云：『赤阪橫西阻，火山赫南威。』言南方瘴癘之地，盡節征伐，而賞之太薄也。黃節補注：「宋文帝元嘉二十三年，遣交州刺史檀和之討林邑。宗慤自請從軍。和之遣慤爲前鋒，遂克林邑，陽邁父子所獲失名之寶，不可勝計，慤一無所取，還家之日，衣櫛蕭然。此刺功高賞薄。「戈船榮既薄，伏波賞亦微」，指檀和之與宗慤。

春日行　鮑照

詞曰：「獻歲發，吾將行。」詠春日男女嬉遊於郊外，而各有所思，而每苦不相知也。

朗月行　鮑照

詞曰：「朗月出東山，照我綺窗前。」詠窗中之佳人，弄弦唱歌，而寫飲酒聽歌之樂。

堂上歌行　鮑照

詞曰：「昔仕京洛時，高門臨長河。」追寫舊都洛京之盛，結友遊樂，美女彈唱。故朱秬堂曰：「如說開元天寶逸事，言外見今之不然也。」

前緩聲歌　孔寧子

詞曰：「供帳設玄宮，衆仙胥□亞。」言神仙長生之意。

前緩聲歌　謝惠連

大略戒人勿過分爲公，過分爲公，易爲讒語所蔽也。故詞曰：「處山勿居峯，在行勿爲公，居峯大阻銳，爲公遇讒邪。」

緩歌行 謝靈運

詞曰：「飛客結靈友。」言神仙雲遊也。

結客少年場行（卷六十六） 鮑照

擬漢結客少年場行。言少年時因結仇殺人，遠走他鄉，三十年後，年老歸鄉，登高臨望，處處是將相王侯，鐘鳴鼎食。而感歎自己壯年空過，獨自懷憂也。

遊子移（卷六十七） 劉義恭

詠遊蕩子之事也。

望城行（卷六十八） 王融

此寫名城之盛況。如「車馬若飛龍，長邀罨無極已。」

鳴雁行 鮑照

鴹匏有苦葉詩曰：「雝雝鳴雁，旭日始旦。」鄭康成云：「雁者，隨陽而處，似婦人從夫，故昏禮用焉。雝雝聲和也。」鳴雁行蓋出於此。

空城雀　　鮑照

樂府解題曰：「鮑照空城雀云：雀乳四鷇，空城之阿，言輕飛近集，茹腹辛傷，免網羅而已。」

自君之出矣（卷六十九）　　宋武帝

漢徐幹有室思詩五章，其第三章曰：「自君之出矣，明鏡暗不治，思君如流水，無有窮已時。」自君之出矣，蓋起於此。齊虞羲亦謂之思君去時行。此外作者如宋劉義恭、顏師伯、鮑令暉、齊王融、虞羲、范雲等自君之出矣，亦皆擬徐幹詩，詩意皆抒思君纏綿之深情也。

長相思　　吳邁遠

古詩曰：「客從遠方來，遺我一書札，上言長相思，下言久離別。」李陵詩曰：「行人難久留，各言長相思。」蘇武詩曰：「生當復來歸，死當長相思。」長者久遠之辭，言行人久戍，寄書以遺所思也。古詩又曰：「客從遠方來，遺我一端綺。文綵雙鴛鴦，裁爲合歡被。著以長相思，緣以結不解。」謂被中著綿，以致相思緜緜之意，故曰「長相思」也。又有千里思，與此相類。

行路難十八首（卷七十）

鮑照

樂府解題曰：「行路難，備言世路艱難及離別悲傷之意，多以君不見爲首。」按陳武別傳曰：「武常牧羊，諸家牧豎有知歌謠者，武遂學行路難。」則所起亦遠矣。鮑照擬行路難共十九首，今存十八首，多抒寫他對人生及當時社會之感憤及不平。第一首猶同序詩，在歲暮酣飲高歌，曰：「願君裁悲且減思，聽我抵節行路吟。」而末篇又曰：「對酒序長篇。」則此十八首當爲一組樂歌，或哀人生短暫，或歎愛情易變，或勸人安於貧賤，或言貴賤有命，或抒罷官之樂，或傷富貴無常，或哀寄時事，或悲從軍遠役，……最後作勸人曠達之語，曰：「莫言草木委冬雪，會應蘇息遇陽春。」

行路難

寶月

詠閨人秋夜相思也。並言：「寄我匣中青銅鏡，倩人爲君除白髮。」可見君行甚久矣。

長別離（卷七十二）

吳邁遠

楚詞曰：「悲莫悲兮生別離。」此設言妻致夫之詩，先言自己因年少相離而相思寡歡之情；次言君亦當自疑，以君之才，能否成事也，列舉韓信、項羽與劉邦爭天下失敗事爲證；結語君才何如，而欲於日下爭輝。此似有感於宋齊間，才士各擁王侯，爭奪君位事，而有所諷寄焉。

南郡歌　陸厥

詞曰：「江南可採蓮。」詠採蓮女之美。

杞梁妻（卷七十三）　吳邁遠

崔豹古今注曰：「杞梁妻者，杞殖妻妹朝日之所作也。殖戰死，妻曰：『上則無父，中則無夫，下則無子，人生之苦至矣。』乃抗聲長哭。杞都城感之而頹，遂投水而死。其妹悲姊之貞，乃作歌，名曰杞梁妻焉。梁，殖之字也。」列女傳曰：「齊莊公襲莒，殖戰而死，其妻無所歸，乃就其夫之尸於城下而哭，十日而城爲之崩。旣葬，遂赴淄水而死。」琴操曰：「杞梁妻，嘆齊杞梁殞，其妻之所作也。」

邯鄲故才人嫁為廝養卒婦　謝朓

邯鄲，宮殿名。才人，女官名。楊升菴樂府序曰：「考史記張耳傳，洎楚漢春秋並云：『趙王武臣爲燕軍所獲，囚於燕獄。先後使者往請，輒爲燕所殺。趙有廝養卒謝其舍中，曰：『吾將載趙王歸。』舍中人笑之。乃走燕壁，以利害說燕將。燕以爲言，乃歸趙王。廝養卒御王以歸。武臣歸趙，以美人妻廝養卒，以報之。』是其事也。古辭已亡。謝朓所作，但言自宮閣而出，徒增悲羞，亦不及武臣陷燕意。」廝主樵蘇，養主烹飪，此通鑑所謂「竈下養，中郎將也。」（見洪順隆謝宣城集校注）。寫趙宮中才人下嫁與廝養卒後之悲哀與憔悴，以及夢中猶憶往事之情。

冉冉孤生竹（卷七十四） 何偃

此擬漢古詩十九首中「冉冉孤生竹」。亦寫女子因相閉萬里，而怨迎親來遲也。

淫思古意 顏峻

詞曰：「春風飛遠方。」言寄書與其夫，微露疑意，謂夫行久未歸，舊情當已移也。

思公子 王融

楚辭九歌曰：「靁塡塡兮雨冥冥，猨啾啾兮狖夜鳴，風颯颯兮木蕭蕭，思公子兮徒離憂。」思公子蓋出於此。

王孫遊 謝朓

楚辭招隱士曰：「王孫遊兮不歸，春草生兮萋萋。」王孫遊蓋出於此。寫思婦之情詞，言綠草如絲，紅英映發，以見芳春難得，暗寄君急當歸來之意；次言別後君不歸來，即今來歸，爲時亦晚，暗寄花將落盡，人將遲暮意在內。

王孫遊　王融

言春天將去，何事不歸？亦抒相思之情。

陽翟新聲　王融

隋書樂志曰：「西涼樂曲陽翟新聲神白馬之類，皆生於胡戎歌，非漢魏遺曲也。」

曲池水（卷七十五）　謝朓

此紀遊之作，寫荷舞筍出，看見雲馳，而有隱思；鳥聲傳響，而寫我綠琴。

永明樂十首　謝朓

南齊書樂志曰：「永明樂歌者，竟陵王子良與諸文士造奏之，人爲十曲，道人釋寶月辭頗美，武帝常被之筦弦，而不列於樂官。」按此曲，永明中造，故曰永明樂。永明，爲齊武帝年號。⑴詞曰：「帝圖閏九有。」頌齊武帝之功德，天下太平，因作永明樂，使黃帝時咸池樂失色。⑵詞曰：「民和禮樂富。」言國家太平，人民和樂，直邁黃帝堯舜垂衣拱手之治。⑶詞曰：「朱臺鬱相望。」寫京師之盛景嘉瑞，如臺觀相望，青槐夾道，如甘露秋降，芒草春生，以見昇平氣象。⑷詞曰：「龍樓日月照，淄館風雲清。」頌太子賢明，諸王和洽，其德之美，似玉如瓊。漢書武帝紀：「太子出龍樓門。」三國志陳思王曹植傳：「建安十九年徙封臨淄侯。」⑸詞曰：「化洽鯷海君，恩變龍庭長。」鯷海、龍庭，均匈奴之地名。鯷海，海名；龍庭，單于祭天所。言恩教遠被，外族來貢。⑹詞曰：「出車長洲苑，選旅朝夕川。」言武帝閱兵，軍容壯盛。⑺詞曰：「燕駟遊京洛，趙服麗有暉。」言來遊京師，身與⑻詞曰：「實相薄五禮，妙化開六塵。」賦佛教之盛。⑼詞曰：「生蔑苧蘿性，身與

嘉惠隆。」樂身與惠政盛世，能得出仕為官，出入宮殿。⑽詞曰：「采鳳鳴朝陽，玄鶴舞清商。」結言永明樂美如鳳鳴，妙如鶴舞，千古為盛。

永明樂十首　　王融

亦歌頌永明之太平盛世也。

邯鄲行（卷七十六）　　陸厥

通典曰：「邯鄲戰國時趙國所都，自敬侯始都之，有叢臺洪波臺在焉。邯，山名。鄲，盡也。」樂府廣題曰：「邯鄲，舞曲也。」並寄相思之情。

秋夜長　　王融

魏文帝詩曰：「漫漫秋夜長，烈烈北風涼。展轉不能寐，披衣起彷徨。彷徨忽已久，白露沾我裳。俯視清水波，仰看明月光。」又曰：「草蟲鳴何悲，孤雁獨南翔，鬱鬱多悲思，緜緜思故鄉。」秋夜長其取諸此。寫長夜看舞聽歌之樂。

夜坐吟　鮑照

夜坐吟，鮑照所作也。其辭曰：「冬夜沉沉夜坐吟。」言聽歌逐音，因音託意，知君愛我之意深也。

寒夜怨　陶弘景

樂府解題曰：「晉陸機獨寒吟云：『雪夜遠思君，寒牕獨不寐。』但敍相思之意爾。陶弘景有寒夜怨。」

憂旦吟　張融

詞曰：「覊人不及樂。」寫客旅之覊愁。

江上曲（卷七十七）　謝朓

詞曰：「易陽春草出。」述女子之愛情，願愛人停舟相載，千里共航，須臾不離，一起採菱，一起唱歌。故詞曰：「願子淹桂舟，時同千里路。……江上可採菱，清歌共南楚。」

江皋曲　王融

皐，澤也。詞曰：「林斷山更續。」寫江行之景。

楊花曲　湯惠休

詞曰：「葳蕤華結情，宛轉風含思。」言春日閨人之相思。

法壽樂歌十二首（卷七十八）　王融

蓋頌讚佛祖及佛法傳入中土之曲。按佛祖釋迦牟尼，二月八日誕生於中印度憍薩羅國迦毗羅衞城，名悉達多，父爲城主淨飯王，母摩耶夫人。生七日，母逝，賴姨母波闍波提撫育之。十九歲娶拘利城主善覺王之女耶輸陀羅爲妃。二十九歲時，偶乘車出遊，見生者、病者、衰老者及死者，深悟世間之無常，遂決意出家。一日夜半，乘馬潛出王城，入東方藍摩國，剃髮爲沙門。旋詣王舍城邊阿蘭若林就鬱陀羅伽仙求道，遂修習諸種禪定，更至優樓頻螺村之菩提樹下，敷草跏趺坐修道。至二月八日夜，忽覩明星而大悟，得一切種智，於是成大覺世尊，爲人天之大導師，時年三十五也。於是周遊四方，化導羣類，在鷲峯講經，鹿苑說法，菴園與大比丘衆八千人俱，祇園精舍中與給孤獨長者同研弘法，凡四十餘載，示寂於拘尸那城跋提河（金河）邊娑羅樹之下。漢明帝時，佛教傳入中國，以後日盛。

宋齊佛教極盛。融作十二曲，即分別詠歌本處、靈瑞，下生，在宮、田遊、出國、得道、寶樹、賢衆、學徒、供具、福應等十二事。

十、雜歌謠辭

歌　辭

京兆歌（卷八十四）　陸　厥

通典曰：「京兆、馮翊、扶風，皆古雍州之域。」秦始皇以爲內史。漢景帝二年分置左右內史。武帝改左內史爲左馮翊，右內史爲右扶風，後與京兆號三輔。故趙廣漢云：「亂吾治者，常二輔是也。」極寫漢宮苑之廣濶壯麗，然此種盛景，會將衰沒。故詞曰：「壽陵之街走狐兔，金巵玉盌會銷鑠。」而勸人多多飲酒。詩中言及「兔園」，爲漢梁孝王所築，園中宮觀相連數十里，有修竹異樹，珍禽怪獸。「儲胥」與「露寒」，均西漢著名之宮觀。壽陵，爲東漢光武帝之陵園；一說燕之邑。

左馮翊歌　陸　厥

由漢上林苑中鳧雁之盛，蘭林之多，欲覓比翼與連葉，卻難獲致。借喩知友難得。故詞曰：「比翼獨未羣，連葉誰爲伍。」

扶風歌　鮑照

擬劉琨扶風歌。用抒離開京殿，遠征雁門，與親知相別之悲。

李夫人及貴人歌　陸厥

李夫人，漢武帝寵妃也，早卒，帝思念不已，悲戚作李夫人歌，令諸樂府諸音家絃歌之。厥詞亦用寫李夫人卒後，宮中荒涼之狀，君心感傷之情，如曰：「雕梁翠壁網蜘蛛，洞房明月夜，對此淚如珠。」

中山孺子妾歌二首　陸厥

漢書曰：「詔賜中山靖王子噲及孺子妾冰未央才人歌詩四篇。」如淳曰：「孺子幼少稱。孺子妾，宮人也。」顏師古曰：「孺子王妾之有品號者。妾，王之衆妾也。冰其名。才人，天子內官。」按此謂以歌詩賜中山王及孺子妾未央才人等爾。累言之，故云及也；而陸厥作歌，乃謂之中山孺子妾，失之遠矣。⑴寫未央才人、中山孺子之美，連仙人亦欲披雲一望。⑵寫美人寵衰之悲。詞曰：「如姬寢臥內，班婕坐同車。」如姬，戰國魏安釐王之寵姬。班婕，漢成帝時婕妤。

臨江王節士歌　陸厥

漢書景十三王傳：「臨江閔王榮，以孝景前四年爲皇太子，四歲廢爲臨江王。三歲坐侵廟壖地爲宮。上徵榮。榮行祖於江陵北門，江陵父老流涕，竊曰：『吾王不反矣。』榮至，中尉郅都簿責訊王。王恐自殺。」厥作詠江陵人之悲憤王之死也。

蘇小小歌（卷八十五）

古辭

一曰錢塘蘇小小歌。樂府廣題曰：「蘇小小，錢塘名倡也，蓋南齊時人。西陵在錢塘江之西，歌云西陵松柏下是也。」

中興歌十首（卷八十六）

鮑照

按宋元嘉三十年正月，文帝爲太子所弒；宋孝武帝起兵，五月克定京邑，劭等伏誅。中興歌當作於此時，用頌宋孝武帝。錢振倫以爲頌宋文帝，不確。宋孝武帝於元嘉二十二年，嘗出鎭襄陽。宋書孝武紀：「自晉氏江左以來，襄陽未有皇子重鎭。時太祖（文帝）欲經略關河，故有此授。」故照詞有「襄陽是小地，壽陽非帝城；今日中興樂，遙治在上京。」壽陽，爲劉裕爲宋王時所都。上京，指建康。

勞歌二首

伍緝之

莊子曰：「勞我以生，佚我以老，息我以死。」韓詩曰：「飢者歌食，勞者歌事。」若伍緝之云：「

迍邅已窮極。」又云：「居身苦且危。」則勞生可知矣。

白日歌　張融

張融歌序曰：「懸象著明，莫大於日月，而彼日月不能不謝，固知無準，衰爲盛之終，盛乃衰之始，故爲白日歌。」

王子年歌二首（卷八十七）

南史曰：「齊太祖高皇帝諱道成，姓蕭氏，未受命時，王子年作此歌。」案穀中精細者稻也，即道也，熟猶成也，金刀劉字，刈猶剪也。

謠辭

宋時謠

南史曰：「宋時用人乖實，有謠云：『上車不落爲著作，體中何如作秘書。』」

宋大明中謠

南史曰：「大明中有奚顯度者，爲員外散騎侍郎。孝武嘗使主領人功，而苛虐無道，動加捶撻，暑雨寒雪，不聽暫休，人不堪命，或自經死。時建康縣考囚，或用方材壓額及踝脛，故民間有此謠：『寧得建康壓額，不能受奚度拍。』又相戲曰：『勿反顧，付奚度。』其暴酷如此。」

山陰謠

南史曰：「丘仲孚爲山陰令，居職甚有聲稱，而百姓爲此謠：『二傅沈劉，不如一丘。』前世傅琰父子、沈憲、劉玄明，相繼宰山陰，並有政績；言仲孚皆過之也。」

宋元嘉中魏地童謠（卷八十九）

南史曰：「宋元嘉二十七年，魏太武帝圍汝南戍。文帝遣臧質，比救至盱台。太武已過淮，自廣陵返攻盱台，就質求酒。質封溲便與之，且報書云：『不聞童謠言邪：『虜馬飲江水，佛狸死卯年。』冥期使然，非復人事。爾智識及衆，豈能勝苻堅邪？頃年展爾陸梁者，是爾未飲江，太歲未卯耳。』時魏地有童謠，故質引之云：『軺車北來如穿雉，不意虜馬飲江水。虜主北歸石濟死，虜欲渡江天不徙。』」

參考書目

謝康樂詩（黃節注）

謝康樂集（沈啓源編，明萬曆癸未謝氏刊本）
明萬曆汪士賢刊漢魏六朝二十名家集（謝惠連集，鮑明遠集）
鮑參軍詩注（錢振倫注、黃節補注）
謝宣城詩集（宋嘉定十三年洪伋宣州郡齋重刊本配補影宋鈔本。）
謝宣城集（洪順隆校注）
梁昭明太子文選（李善注及五臣注）
陳徐陵玉臺新詠（吳兆宜箋注）
宋郭茂倩樂府詩集
明張溥漢魏六朝百三名家集（謝康樂、顏光祿、鮑參軍、謝光祿、竟陵王集、王寧翔、謝宣城、孔詹事）
清王士禎古詩選
清沈德潛古詩源
清朱嘉徵樂府廣序
丁福保全漢三國晉南北朝詩（全宋詩、全齊詩）
唐吳兢樂府古題要解
梁沈約宋書

梁蕭子顯南齊書
陸侃如中國詩史
劉大杰中國文學發展史
李純勝漢魏南北朝樂府
羅根澤樂府文學史

（原刊民國六十五年六月國立臺灣師範大學「國文學報」第五期）

方祖燊先生著作年表

一九五一至一九六二　《古今文選》精裝本四集，與梁容若、齊鐵恨、鍾露昇編註語譯，臺北國語日報社出版。

一九五七　《怎樣作文》（適合初中學生），臺北中南書局出版。

一九六一　《國音常用字典》，與那宗訓等五人合纂，臺北復興書局出版。

一九六二至一九六九　《古今文選續編》精裝本二集，方祖燊、鍾露昇主編，臺北國語日報社出版。

一九六七　《漢詩研究》（學術論文集），臺北正中書局出版。

一九七〇　《散文結構》（散文寫作理論），與邱燮友合著，臺北蘭臺書局處出版。後改由臺北福記文化圖書公司出版。

一九七一　《成語典》（辭典類），與繆天華等七人合纂，臺北復興書局出版。

一九七一　《陶潛詩箋註校證論評》，臺北蘭臺書局出版。

一九七二　《六十年來之國語運動簡史》（歷史專著），收於《六十年來之國學》（二）中，臺北正中書局出版。

一九七三《魏晉時代詩人與詩歌》(文學史),臺北蘭臺書局出版。
一九七八《陶淵明》(評傳,十幾萬字),臺北河洛出版社出版。一九八二年改由臺北國家出版社出版。
一九七八《中國文學家故事》(文學傳記),與邱燮友、李鍌合著,臺北中央文物供應社出版。
一九七九《春雨中的鳥聲》(散文雜文集),臺北益智書局出版。
一九七九《中國少年》(少年勵志讀物),臺北幼獅文化事業公司出版。
一九八〇《三湘漁父—宋教仁傳》(文學傳記),臺北近代中國出版社出版。
一九八一《中國文化的內涵》(文化史),與黃麗貞、李鍌合著,收在《中華民國文化發展史》中,臺北近代中國出版社出版。
一九八二《國立臺灣師範大學四十暨四十一級級友畢業三十年紀念專刊》,方祖燊主編,師大紀念專刊委員會出版。
一九八三《散文的創作鑑賞與批評》(散文寫作理論),臺北中央文物供應社出版。
一九八六《大辭典》(辭典類),與邱燮友、黃麗貞等數十人合纂,臺北三民書局出版。
一九八六《說夢》(散文雜文集),與黃麗貞合著,臺北文豪出版社出版。
一九八六《幸福的女人》(短篇小說集),與黃麗貞合著,臺北文豪出版社出版。
一九八八《陶潛詩箋註校證論評》增訂本,臺北臺灣書店出版。

一九八九　《談詩錄》（學術論文集），臺北東大圖書公司出版。
一九九〇　《生活藝術》（雜文集），臺北臺灣書店出版。
一九九一　《現代中國語文》（小學語文課本十二冊範文），與阿濃、蔡玉明、關夕芝合撰，香港現代教育研究社有限公司出版。
一九九五　《小說結構》（小說的歷史流派、寫作理論與評析年表，六十萬字），臺北東大圖書公司出版。
一九九五　《教育家的智慧》（劉眞先生語粹），劉眞著，方祖燊輯，臺北遠流出版社出版。
一九九五　《方祖燊全集・論文第一集》（人物、雜論、教育），臺北文史哲出版社出版。
一九九五　《方祖燊全集・論文第二集》（語法、文藝文學、國語運動歷史），臺北文史哲出版社出版。
一九九五　《方祖燊全集・樂府詩解題》（漢朝、魏晉至宋齊），臺北文史哲出版社出版。
一九九五　《方祖燊全集・中國文化史》，與李鍌、黃麗貞合著，臺北文史哲出版社出版。
一九九？　《中國寓言》（寓言新編，加中英註釋例句，外國人士學習中國語文教材），與黃迺毓合著，國立編譯館主編，（尚未出版）。
一九九？　《詩》（論析中國詩歌，並附註文，中英對譯，陳鵬翔等人英譯），世界華文協進會與國立編譯館約撰。（尚未出版）。